歴史文化ライブラリー

572

# 第一次世界大戦と日本参戦

## 揺らぐ日英同盟と日独の攻防

飯倉 章

吉川弘文館

# 目　次

# 世界大戦の時代——プロローグ

## 1　世界大戦の時代

### 第一次世界大戦と日本

第一次世界大戦（一九一四～一八年）は、それまでの戦争と大きく異なっていた。世界大戦というように、戦火がヨーロッパに止まらず世界大に拡大した近代史では最初のグローバルな戦争であった。また、近代の戦争の多くが比較的短期間で決着がついていたのに対して、四年三ヵ月あまりと長期戦でもあった。さらに、戦争の長期化に伴い、交戦国は軍事力はもとより、産業・社会など国家の総力を挙げて戦争に挑むようになり、大規模な総力戦となった。そして戦争が長引く間、軍事技術は飛躍的に進歩し、軍備は機械化が進み、戦車や毒ガスなどの新兵器が生まれ、飛行機・火砲・潜水艦なども開発・改良された。戦争の世界化・長期化・総力戦化・軍事技術の発展により、軍人のみならず民間人の犠牲も増大し、大戦末期のインフルエンザのパンデミックがそれに追い打ちをかけた。

第一次大戦は軍人の戦死者だけでも少なくとも九四五万人と推計される悲惨な戦争であったが、不謹慎な言い方をあえてすれば日本にとって「おいしい戦争」であった。日本は一九一四年八月二十三日にドイツに対して宣戦布告をし、第一次世界大戦に早々と参戦した。戦いはその後、一八年十一月十一日の休戦まで続いたが、参戦した主要国と比べると、日本は軍事的に大きな負担もなく、死傷者は（シベリア出兵を除けば）数千人ほどに留まった。しかも、戦後は戦勝国として大国の地位を確保した。細谷千博氏の言葉を借りれば「犠牲に比してはるかに大きな利得に恵まれる立場」に立つことができ、戦後のパリ講和会議では五大国の一員となり、「日本は初めて国際的な大国として世界に認知された」のである。

このようにその後の日本の発展を考えると利益の多い戦争であったが、あまりそう注目されることはない。それに、そもそも参戦の発端はどうであったのだろうか。本書ではあえて一九一四年八月の日本の対独参戦に焦点を絞って考察し、さらに参戦後のドイツ膠《こう》州湾《しゅうわん》租借地《そしゃくち》の軍事攻略やドイツ領南洋群島の占領の経過についても検討することとした。対独参戦、膠州湾租借地獲得、南洋群島占領は、その後の様々な出来事の起点となり、日本の後の進路を考える上でも、歴史的に重要で示唆に富んでいると思われる。

## 日本参戦と夏目漱石

日本の対独参戦が現実味を帯びてきた一九一四年八月十一日、夏目漱石《なつめそうせき》は名作『こゝろ』（連載時の題名は「心　先生の遺書」）の新聞連載を終えた。その日の各紙は、前の日に大隈重信《おおくましげのぶ》首相がおこなった時局の説明を掲載していた。大隈は慎重な物言いで某国と名指しは避けながらも、日英同盟の関係から対独参戦が近いことを匂わせていた。

すでにヨーロッパでは大戦が始まっていた。七月二十八日には、オーストリアとセルビアが開戦し、ドイツは八月一日にロシア、三日にフランスに宣戦布告し、四日にはイギリスと交戦状態に入っていた。

漱石は戦争に縁のある作家だった。そのわずか一二年ほどの作家生活の間に文学史に残る作品を数多く残したが、デビュー作の『吾輩は猫である』は日露戦争中に雑誌に掲載されたものであるし、『明暗』は第一次大戦中に連載され、一九一六年十二月の死去で未完に終わった。

八月十二日、『こゝろ』の連載を終えた翌日に、漱石の記事「ケーベル先生の告別」が『東京朝日新聞』に掲載された。漱石の知己のラファエル・フォン・ケーベルは日本滞在二一年に及ぶ東京帝国大学の教師で、主にドイツ哲学を教えていた。すでに七月半ばに「さよならごきげんよう」という送別の辞を漱石に託しており、大戦の勃発とは関係なく十二日に日本郵船の汽船でドイツへの帰国の途につく予定で、それで漱石は告別したのである。

ところがケーベルは出発しなかった。漱石は十一日の夜中に電話で知ったが、出稿済みの記事を止める術はなかった。十三日、漱石は記事「戦争から来た行違《いきちが》ひ」を寄稿し、ケーベルが日本を去ることができないのは「全く今度の戦争のためと思はれる」と書き、「私に此《この》正誤を書かせるのも其《その》戦争である」と続けた。漱石は結果として十二日の記事が誤報となったことから、恨めしげに「つまり戦争が正直な二人を嘘吐《うそつき》にしたのだと言わねばならない」と書いた。

ケーベルはロシア系でもあったので、友人の駐日ロシア総領事の下で大戦期を過ごした。ドイツの敵のロシア系という出自を考えると、日本に留まってよかったのではないかとも思われる。

漱石の「戦争が正直な二人を嘘吐にした」というコメントは、戦争を暗に批判しているともいえそうだが、どこか笑わせる記事で、漱石のユーモア作家としての一面も垣間見える。世界大戦は始まったばかりだったが、それに日本が向かっているという危機感や悲壮感はいささかも見受けられない。その後、日本の参戦もあって、大戦は本格的にグローバル化していく。

# 帝国主義時代の東アジア

# ドイツの膠州湾租借――ドイツ皇帝自慢の功績

**帝国主義に乗り遅れたドイツ**

第一次世界大戦で日本は、中国の青島《チンタオ》の独軍と戦うことになった。そもそも独軍はなぜこの地を根拠地としていたのか。近代の東アジアにおけるドイツの動きを追ってみよう。

世界史では一般に、一八八〇年代から第一次世界大戦前までを帝国主義の時代と位置づけている。この時期、ヨーロッパの主要国と後に日本とアメリカも加えた列強諸国は、世界中で植民地の獲得や勢力範囲の確保に鎬《しのぎ》を削り、海外に植民地を持つ帝国《エンパイアー》を形成していった。アフリカの大部分は分割支配され、アジアも多くの地域が植民地化されていった。

帝国主義列強による世界分割が進むなかで、最後に残ったのが中国（当時は清朝政府による清国）であった。一九世紀半ばから清国は、アヘン戦争（一八四〇～四二年）で敗れてイギリスに香港島を割譲し、さらに英仏軍によるアロー戦争（第二次アヘン戦争。一八五六～六〇年）でも敗戦を喫し、イギリスに九竜《きゅうりゅう》半島南部を割譲していた。ロシアは戦争によらず圧力と外交で黒竜江《こくりゅうこう》以北、沿海州《えんかいしゅう》などを領土として獲得し、フランスは清国が宗主権を主張するベトナムをめぐって清国と戦い（清仏戦争。一八八四～八五年）、勝利してベトナムを植民地として手に入れた。清国は、ポルトガルにもマカオを割譲した（一八八七年）。このように清国は領土の一部や自国の勢力範囲を失っていった。

　列強による中国の浸食が進むなかで、ヨーロッパの大国ドイツは中国に拠点を持っていなかった。ドイツは一八七一年にプロイセン王国を中心として統一されたばかりであり、統一の功労者である宰相ビスマルクは、ヨーロッパ政治に重点を置き、ヨーロッパの外での対外膨張を自制していた。それが帝国主義に乗り遅れた主な理由である。しかし、ドイツ統一で皇帝に即位したヴィルヘルム一世が一八八八年三月に死去し、六月にその後を継いだフリードリヒ三世が急死、ヴィルヘルム二世が即位すると事情は変わる。彼は祖父・父親の相次ぐ逝去により二九歳の若さで、一八八八年に第三代ドイツ皇帝に即位し、一八九〇年に親政を始め、対外進出をにわかに活発化させた。

## 傲慢・奇矯な皇帝ヴィルヘルム二世

ヴィルヘルム二世は、一八五九年一月二十七日にプロイセン王国のポツダムに生まれた。父はフリードリヒ三世、母はイギリスのヴィクトリア女王の娘で、彼は女王の初孫であったが、情緒面で問題を抱えていた。気分屋で激高しやすく、自己顕示欲が旺盛で、極めて自己中心的な人物だった。知性は高く、大言壮語を繰り返したので大胆に見えることもあったが、実際は臆病で一面では慎重でもあった。若い頃から精神異常説が囁《ささや》かれたが、こんにち的に言えばある種の人格障害であろう。精神分析学の創設者ジークムント・フロイトは、難産で左手に障害を負って生まれたことで母親が冷淡であったことが彼の人格形成に影響を与えた、と述べている。

ヴィルヘルム二世は即位して皇帝《カイザー》となった。カイザーは皇帝の尊称であるが、本書の文中ではとくに断らない限りヴィルヘルム二世を指して用いる。ちなみにドイツ語では、オーストリア皇帝も、日本の天皇もカイザーである。

ヴィルヘルム二世は、ドイツ統一の功労者ビスマルクを煙たがり、一八九〇年三月に宰相から罷免して親政を始め、ここからフランスの復讐を警戒しフランスを孤立化させようとビスマルクが築き上げてきたヨーロッパの国際体制は崩れてゆく。また、カイザーの下でドイツは「世界政策」と呼ばれる対外進出を活発化させ始め、それは日清戦争においても表れる。

## 三国干渉とドイツ

朝鮮（当時は李氏朝鮮）の支配権をめぐり日本は清国と一八九四年七月に戦端を開いた。日本軍は陸に海に連戦連勝を重ね、朝鮮半島から清国軍を追い払い、北京にも迫る勢いだった。一八九五年三月に両国は休戦し、四月十七日には日清講和条約（下関《しものせき》条約）が調印され、日本は台湾・澎湖《ほうこ》列島、さらに中国本土の遼東《りょうとう》半島の割譲を受けることになった。この条約中の遼東半島の割譲に異議を唱えたのがロシア・ドイツ・フランスの三国で、日本はこの三国による干渉（三国干渉）で遼東半島の返還を余儀なくされた（いったん割譲を受けてから、返還条約で返還する方式を採った）。それまで日本は、陸軍をはじめ、医学・化学などの分野や憲法でもドイツやプロイセン王国をモデルとして近代化を果たしており、「東洋のプロイセン」とも呼ばれていた。日独は良好な関係を維持していたので、三国干渉へのドイツの参加は日本にとっては「青天の霹靂《へきれき》」であり、ドイツにとっても大きな政策変更であった。この干渉政策はドイツが主導したが、田嶋信雄氏によれば、それはドイツ外交の伝統によるものではなく「ヴィルヘルム二世というパーソナリティに結びついた一つの政治的選択の結果であったと見ることができる」という。

また、この頃、カイザーはこの三国干渉を正当化するために、黄色人種の日中が連合す

図1　カイザーの「黄禍の図」(「ヨーロッパの諸国民よ，汝らの信仰と祖国の防衛に加われ！」飯倉章『イエロー・ペリルの神話』彩流社，2004年)

る脅威（後に黄禍論《こうかろん》と呼ばれる）を説いた。一八九五年の秋、彼は自ら画案を提供した「ヨーロッパの諸国民よ、汝らのもっとも神聖な宝を守れ！」という絵画（題は出典により多少相違。後に「黄禍の図」と呼ばれた）の複製を欧米の君主・政治指導者に贈り、新聞・雑誌でも黄色人種脅威論を広めた。カイザーは「黄禍」という語句の造語者ではなかったが、本人はそう吹聴し、この頃、流布し始めたこのスローガンを世界中に広めた。

日清戦争で清国はその弱体ぶりを露呈させた。先にも述べたようにドイツはこの頃、清国に独自の植民地や海軍拠点を有していなかったが、貿易を中心に独清間の経済関係は深まっていた。ドイツ人商人とその財産を守るためにドイツは小艦隊（東アジア巡洋艦隊とも呼ばれる）を清国沿岸に派遣していたが、艦隊には自前の軍港がなく、その駐留・運用は清国沿岸に諸港を有するイギリスの「善意」にもっぱら依存していた。また、軍事拠点のみならず、一八八〇年代に保護領にした太平洋の諸島などを結び交易する商船のためにも、ドイツは船舶の燃料となる石炭（重油が艦船の燃料となるのは第一次世界大戦前後からである）を貯蔵・供給する港を中国沿岸に必要としていた。

## 膠州湾占領計画

日清戦争が日本優位で進んでいた一八九四年十一月、カイザーはドイツの拠点を清国に獲得するよう命じ、外務省・海軍省・海軍軍令部は検討を始めた。早くから膠州湾《こうしゅうわん》は候補地に挙がっていたが、外務省と海軍の間の意見はまとまらないでいた。ドイツは三国干渉の「謝礼」として九五年十月に天津《てんしん》・漢口《かんこう》に租界《そかい》を得ることを認められたが、カイザーはそれだけでは満足せず、九六年五月に、後に「独海軍の父」と呼ばれるようになるアルフリート・フォン・ティルピッツを東アジア巡洋艦隊の司令官に任命し根拠地選定を進めた。一方、ドイツ外相は、六月に訪独した清朝政府の実力者李鴻章《りこうしょう》にドイツが中国沿岸に拠点を得ることを要求したが断られた。

中国沿岸を調査したティルピッツは、九六年九月に膠州湾を候補のなかで「唯一の良港」と報告した。膠州湾は山東《さんとう》半島の根元の黄海《こうかい》にのぞむ南岸にあり、岬で港口も狭まっており、湾内は水深もあり、良港としての条件を満たしていた。北京にも近い。カイザーは膠州湾占領計画の作成を海軍軍令部に指示し、九六年十二月に計画は承認されていた。

ただ、占領にはロシアとの間で懸念があった。三国干渉で日露関係が悪化したため、露太平洋艦隊はそれまでの長崎以外に越冬地を探して、一八九五年から九六年の冬の間に、清朝政府から膠州湾を露艦隊の越冬地として認められ、一隻だけ数日間寄港したことがあったのである。九七年八月、カイザーは訪露して「みいとこ」であるロシア皇帝《ツァーリ》ニコライ二世と会談した。その際、ロシアに膠州湾獲得の意思がないと確認し独艦隊の投錨許可を得たとカイザーは思い込んでいたが、ロシア側の認識は違っていた。

### 止まらなかった膠州湾占領

そのようななか、一八九七年十一月一日、二人のドイツ人カソリック宣教師が山東省曹州《そうしゅう》府《ふ》鉅野《きょや》県（山東省の内陸部）で中国人に殺害される事件が起きた。カイザーは怒り狂い、これまでの「アジア全域における非常に用心深い政策をかなぐり捨てる」断固たる決意を帝国宰相に伝え、「ドイツ皇帝は軽んじられたままにはさせないし、カイザーを敵に回すことがいかに不運なことか中国人に思い知らせる」と息巻いた。このドイツ人殺害事件は、多くの歴史家が認めるように、ドイツにとって「絶好の機会」であった。カイザーは宰相に十分相談することなく、東アジア巡洋艦隊司令官に、六日、膠州湾に入り同地を占領するよう命じた。帝国海軍省長官に就任していたティルピッツは、強硬策に乗り気でなかったが、海軍内局（内局は皇帝の側近機関で、海軍の内局はヴィルヘルム二世が創設）の長は積極的で、カイザーはその意見を重んじたという。

発せられてしまった皇帝の占領命令に宰相・ティルピッツ・外務省の実力者らは戸惑った。ロシアの介入や清国との戦争が懸念され、彼らはカイザーを説得して占領中止の同意を得たが、中止命令が届いたとき、三隻の巡洋艦からなる独艦隊は上海を出港していた。十一月十三日に艦隊は膠州湾に到着し、士官が上陸して偵察をし、演習を偽装する工作をした。十四日には戦闘部隊が上陸した。当時、膠州湾には清国の守備隊が配置され、港の防備を司る鎮守府があり、湾口には砲台も設置されていたが抵抗はなかった。鎮守府長官は上陸を演習と誤認したという。清国守備隊（鎮守府官兵）は「宣教師殺害に対する賠償の担保として占領」を実施する旨のドイツ側の撤退要求に従い、交戦することなく退いた。欒玉璽氏によれば「不誠実と謀略によって、ドイツ兵士は砲火を使わずに青島《チンタオ》を占領した」のである。ドイツの艦隊司令官が本国からの占領中止命令を知ったのは占領後であった。

海軍にとっては、殺害されたのがカソリック宣教師であったことも大きかったという。大海軍建設のため第一次艦隊法を準備していた海軍は、予算審議権を握る帝国議会で第一党のカソリック中央党の支持を得るため、清国に対し断固たる措置を取ったともいう。

この占領作戦でカイザーが恐れたのは清国ではなく、同じ帝国主義の列強ロシアとイギリスの介入だった。イギリスは、カイザーが想像していたほど敵対的ではなく邪魔だてはしなかった。イギリス首相は、中国北部にドイツが根拠地を得ることは、満洲に野心を抱くロシアを抑止する効果があると見ていた。

一方、ロシアはそう簡単ではなかった。カイザーはニコライ二世にすぐに電報を送り「僕はドイツのカソリック党に対して、僕に彼らを擁護する力があることを示さなければならない。膺懲《ようちょう》は必要だ。そしてすべてのキリスト教徒に利益をもたらすであろう」と訴えた。ドイツは一八九七年八月の「合意」を持ち出したが、ロシアは膠州湾確保を認めたものではないと突っぱねた。

清朝政府は、一部には対独開戦も辞さずという強硬意見もあったが、外交的解決を目指した。李鴻章は、早くも占領の翌日の十五日にロシア側に膠州湾への艦隊派遣を依頼し、ロシアの干渉による解決を目論《もくろ》んだ。ロシアはすでに派遣命令が出ていると期待を持たせる返答をしたが、実際には艦隊派遣はしなかった。清朝政府はイギリスや日本にさえも支援要請をしたが無駄だった。

## 膠州湾租借条約

ドイツ政府は膠州湾占領の既成事実化を進めながら、清朝政府との交渉に臨んだ。アヘン戦争後イギリスが香港を獲得したように、ドイツとしては領土の割譲が一番であったろうが、さすがにそれは過大要求で、租借（リース）を提起した。浅田進史氏の研究によれば、ドイツは占領当初から膠州湾の租借を方針としていたが、租借の方式については、その後に決めていったという。一方、清朝政府は撤兵要求をしていたが、同時に膠州湾を自由港にしてドイツに租界地を認めるという妥協案を考えていた。租界というのは、中国の開港都市において外国人がその居留地区（租界地）で行政・警察を管理する制度であり、一八四五年にイギリスが上海に創設したのが最初である。

両政府間の交渉はなかなかまとまらなかったが、カイザーは強硬であった。ドイツ側は翌一八九八年一月の初めには、軍事力により占領地を拡大するとも通告した。武力をちらつかせた威圧に清朝政府は折れて、三月六日、ドイツと清国は膠州湾租借条約を結んだ。条約によりドイツは、膠州湾の湾口両岸を九九年間租借することになった。租借というのは領土の一部を借りることであるが、条約では中国が租借地での主権の行使をドイツに移譲すると定められた。浅田進史氏によれば、この条約の租借は「割譲と租界設定の狭間にあって、より割譲に近い方式、つまり植民地化に近い方式として採用された」のである。

図2　膠州湾占領記念モニュメント
（『大正三年日独戦役写真帖』東京偕行社，1915年）
占領を実施した独海軍提督の名からディーデリヒス岩と呼ばれた．青島陥落後，真ん中に「大正三年十一月七日」と刻まれ，岩のある山も神尾山と改称された．

条約締結後、四月二十七日、カイザーは膠州湾租借地を他のドイツの植民地（保護領）と同じようにドイツの保護の下に置くと、清朝政府の了承を得ずに一方的に宣言した。ドイツは法的には他の植民地と同じように植民地経営に着手することになった。

膠州湾の租借は、ヴィルヘルム二世の治世で最初の実質的な植民地獲得であり、自ら主導して獲得に成功したため、カイザーは得意満面であったようである。しかし、大艦隊を有するイギリスかロシア、どちらか一国でも反対していたら、海軍力で劣るドイツは租借を断念せざるを得なかったであろう。ロシアが強く反対しなかったのには理由があった。

## 租借の連鎖反応

それはロシアが、三国干渉で日本に返還させた遼東半島に進出し、念願の冬に凍らない不凍港を獲得するという野望を抱いていたためである。ロシアが目を付けたのは、日清戦争で日本海軍が撃滅した清国北洋艦隊の根拠地の一つ、遼東半島南端の旅順《りよじゆん》であった。ロシアは一八九六年六月、日本が攻撃を仕掛けてきた場合の共同防衛の密約を清国と交わし、清国から中国東北部に鉄道敷設《ふせつ》権を得ていた（後の東清鉄道となる）。ただロシアはそれだけで満足せず、九七年十二月十五日、突如として清国の了解を得たと称して小艦隊を旅順港に侵入させ旅順港の占領を始めた。和田春樹氏によれば、「ドイツの行動に張り合って」、この作戦は明らかに「皇帝自身が推進した決定」だという。独中の条約調印から三週間後の九八年三月二十七日、ロシアは大連《だいれん》・旅順の二五ヵ年（この年限の短さが後の日独戦争の遠因の一つとなる）の租借を無理に清国に認めさせ、東清鉄道の南満洲支線の敷設権も得て、露清間の租借条約調印に至った。ロシアはこの後、旅順の本格的な要塞化に着手した。そのため、一九〇四年に始まった日露戦争で日本軍が旅順要塞攻略に手こずり多大な犠牲を払ったことはよく知られている。また「極東における恒久平和の実現」と称して遼東半島を日本に還付させた三国干渉の当事国の一つであるロシアのこの行動により、当然、日本では反露感情が高まった。

一方、三国干渉に加わらず日本に接近していたイギリスは、旅順と同様に清国の北洋艦隊の根拠地で、直隷湾《ちょくれいわん》（渤海《ぼっかい》）の入口に位置する威海衛《いかいえい》に目を付けた。当時、威海衛は、日清講和条約で定められた賠償履行の担保として日本軍に占領されていたが、一八九八年三月に清国がイギリスとドイツから共同借款を得る契約が成立して賠償の目途が立ったことから、イギリスは日本に同地の租借について同意を求めた。日本政府は四月二日、イギリスの租借を歓迎すると回答し、五月二十四日に撤兵した。日本軍兵士が撤兵した翌日から、英軍が代わって同地を占領し、兵士用宿舎《バラック》は、そのまま英軍に無償譲渡され、イギリスから日本は感謝状をもらったという。イギリスは六月九日、香港に向かい合う九竜半島北部も租借し、七月一日には清国と威海衛租借条約を締結した。この条約は、ロシアへの対抗措置として清国側から提案したものともいわれ、租借期限はロシアの旅順租借期間と定めていた。威海衛の位置は、露旅順艦隊が東シナ海に出入りする際に監視し牽制するのにちょうどよい。イギリスは当初は大規模な軍港構築を計画していたが、それに適さないことをほどなく悟り、小規模な海軍基地の建設に留めた。イギリスはドイツとの約束で鉄道も敷設せず、威海衛で積極的な経済開発をしなかった。さらに日露戦争後、露海軍の脅威が無くなると威海衛は戦略的な意義を失った。イギリスは租借地の返上さえ検討するが、中国内で他の租借地返還運動を惹起しかねないために返上は避けた。

こうして中国各地で列強による租借が相次いだ。日本も尻馬に乗って、日清戦争で獲得した台湾の対岸である福建省について、他国に割譲しない旨の交換公文を清朝政府と一八九八年四月に交わし、勢力範囲を設定した。フランスも九八年に広東省の広州湾《こうしゅうわん》を強引に占領し、後に条約を締結して清朝政府に九九ヵ年の租借を認めさせた。

### 膠州湾租借地の状況

山東半島では、その先端の北岸にイギリス、根元の南岸にドイツが租借地を得る形となった。租借条約により、ドイツが租借した膠州湾口両岸は、面積では五五二平方キロ（東京都区部より一回りほど小さい面積）に当たる。租借地は地図で見るとわかるように（図17〈一九三頁〉参照）東側の青島の所在地の方向に膨らんでいる。膠州湾内の面積は五七六平方キロ（満潮時）とも言うので、租借地とほぼ同じ広さである。

条約では他に、膠州湾の周囲五〇キロ圏内の租借地に属さない地域において、独軍の自由通行権を認めさせ、一方でその圏内においてドイツ政府の同意なしに清国が行政措置・命令や、清国軍の駐留や軍事行動をおこなえないと定めていた。中国の主権は認めているが制限を加え、租借地を囲むこの地域は一般に「中立地帯」と呼ばれた。ドイツに有利な中

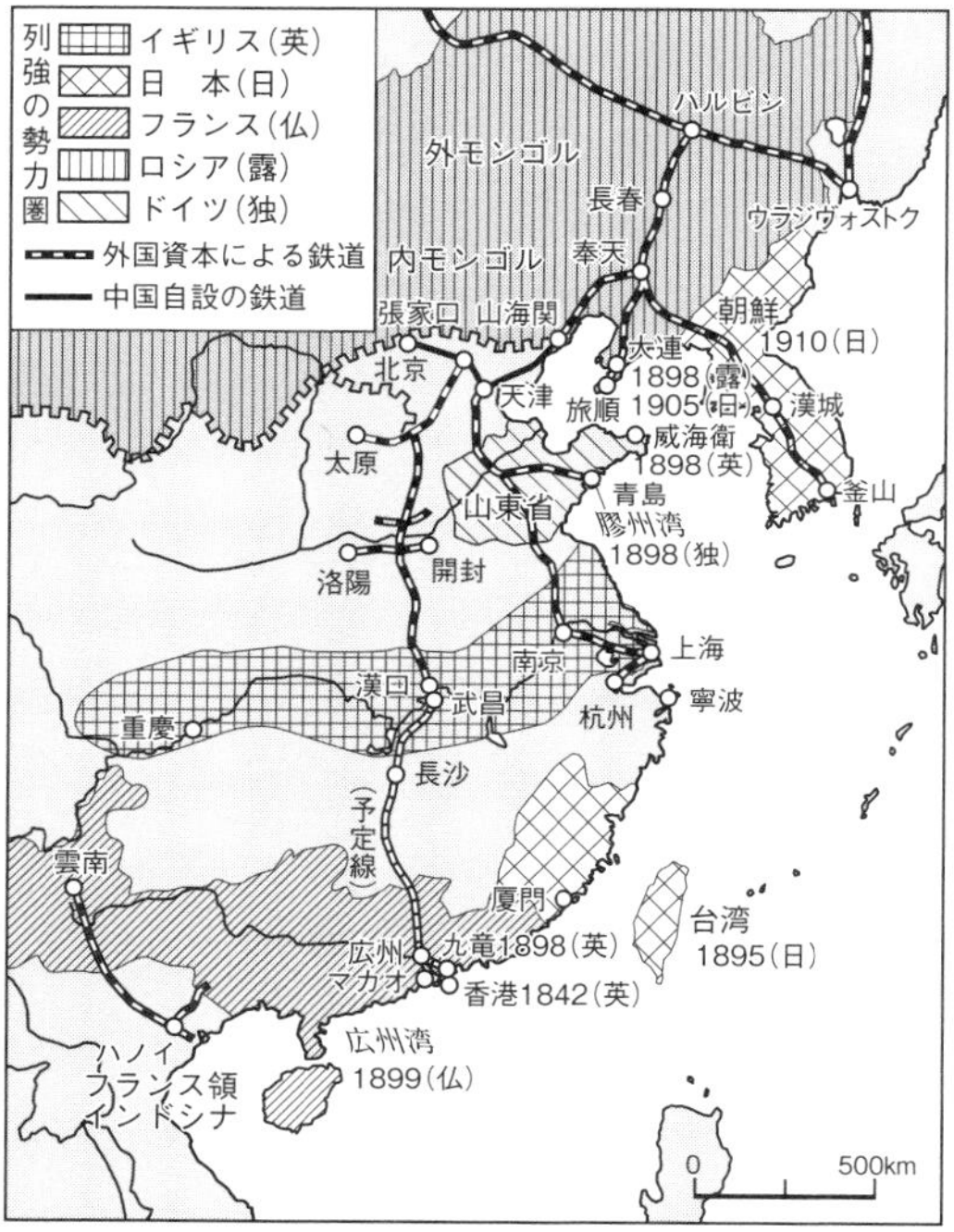


図3　列強の租借地と勢力圏・領土（『新選 世界史B』東京書籍, 2014年より作成）

立で、一種の緩衝地帯《バッファーゾーン》であった。

ドイツは海軍根拠地の建設のみならず、山東省内の鉄道敷設権、鉄道周辺での石炭採掘権や企業権、省内での経済上の優先権などを得て、経済進出にも積極的に乗り出した。

# 東アジアの大変動

## 義和団事件

一八五八年の天津条約によって内地布教許可を得て、西洋諸国は中国でキリスト教を広め始めたが、それは仇教《きゅうきょう》運動というキリスト教排斥運動を引き起こした。九七年のドイツ人宣教師殺害もその流れの一事件である。さらにドイツの膠州湾租借地獲得、経済進出、なかでも鉄道建設は現地で様々なトラブルを生んだ。現地住民の敵意は高まり、中国人キリスト教徒に対する迫害も激化した。さらに山東省には、古来の白蓮《びゃくれん》教の支派で義和拳《ぎわけん》を奉じる集団など秘密結社の農民集団があり、それが九八年に山東省でキリスト教会を襲った。この集団はやがて義和団を名乗ることになる。現地のドイツ系カソリック主教は青島のドイツ人を襲う陰謀があると説き、膠州湾租借地の長である総督は九九年に懲罰的な派兵をして、その際には現地の住民が殺害された。山東省内では新たに山東巡撫《じゅんぶ》（地方長官）に赴任した袁世凱《えんせいがい》が義和団を鎮圧したが、義和団の一連の運動や事件の源は山東省にあったのである。

義和団による排外主義運動は、直隷省・山西省から満洲の一部にも波及して高揚して広がり、義和団事件となる。義和団の主たる標的は「洋鬼子」と呼ばれた西洋人と中国人キリスト教徒であり、運動の広がりに危機感を抱いた北京の列国公使団は、清朝政府に取り締まりを要請した。しかし、清朝内には義和団に共感する勢力もおり、義和団は勢いを増して北京に入り、一九〇〇年六月二十日にドイツ公使を殺害した。また、あろうことか取り締まる側の清朝政府も義和団に加勢して、翌二十一日に列強に宣戦を布告し、北京の列国公使館地域を包囲・攻撃し始めた。事件は戦争と化し、日本では北清事変と呼ばれたが、他に義和団事変や義和団戦争とも言われる。公使館地域は列強の守備隊に守られていたが、その数は五〇〇名あまりとわずかで、列強諸国は増援部隊を要請した。八ヵ国軍からなる多国籍の増援部隊（連合軍）は天津における清国軍との戦闘で足止めをくうなどしたが、七月十四日には天津を陥落させた。このときには日本の清国臨時派遣隊がもっとも戦死者を出したが、その司令官を務めたのが後に取り上げる福島安正《ふくしまやすまさ》で、また北京籠城を強いられた列国外交官のなかには、一等書記官であった石井菊次郎《いしいきくじろう》（第一次世界大戦時の駐仏大使、外相）がいた。

自国公使が殺害されたこともあって、ドイツは本国からの増援部隊の派遣を決めた。怒り狂うヴィルヘルム二世は七月二十七日の閲兵式で、敵に対して「情けは無用」で「捕虜も取るな」と呼びかけ、フン族がその粗暴さで一〇〇〇年も恐れられているように、ドイツも同様に中国で一〇〇〇年恐れられるくらい「中国にその名を思い知らせるべきだ」と、後に匈奴演説《フンネンレーデ》と呼ばれた過激な演説をおこなった。フン族と同じように恐れられるというカイザーの主張は、皮肉にも別の形で現実化した。第一次世界大戦時に（また後の第二次世界大戦時にも）ドイツ兵・ドイツ人はフン族を意味するハン（Hun）と英語国民に呼ばれ、野蛮人のレッテルを貼られて侮蔑されたのである。

天津を制圧した連合軍は、義和団や清国軍と戦いながら北京に入り、八月十四日、包囲後五五日で列国公使館地域を解放し、事変は収束に向かった。カイザーが本国から派遣した軍は主要な戦闘には間に合わなかった。アメリカも派遣軍を送り、セオドア・ローズヴェルトは、アメリカは「国際警察的な責務」を果たし、「筆舌に尽くしがたいほど冷酷な野蛮人」から宣教師らを救ったと述べた。アメリカにおける中国イメージは最悪となった。

義和団事変で袁世凱は巧みに立ち回った。清朝政府が義和団に加勢するようになると、袁は列強のいる天津への派兵を命じられたが、一度ははぐらかし、次には出兵しても自らの虎の子の軍は出さずに温存した。他の軍閥首領が出兵して大きな損害を被ったのに対し、袁は手元の軍事力を損なわず、このことが後の政治的影響力の確保につながった。

連合軍が北京を制圧した後も、ロシアは満洲で清国軍と戦い続けていた。露清戦争ともいう。ロシアは大軍を送り、強い抵抗を受けながらも十月初めに奉天《ほうてん》を占領した。実に一七万の露軍が満洲に駐留することになった。ロシアは、一九〇一年前半、満蒙《まんもう》（満洲とモンゴルにわたる地域）を手に入れようと独自の協約案の調印を清国に迫るなどしたが、列強の反対にあって断念した。列強と清国は北京議定書という講和条約を一九〇一年九月七日に結んだ。交渉を担当した一人の李鴻章は十一月に病死した。清国に出兵していた列国の軍隊は、講和条約締結に先立つ七月末から、露軍を除き撤退を始め、九月十七日までに完了していた。ただし、議定書により列国は駐兵権を得ており、天津に軍を置くようになった。

## 日英同盟締結

一方で、ロシアは事実上の満洲の軍事占領を続けていた。満洲・華北におけるロシアは、華中に利害を持つイギリスにとって最大の脅威であった。この頃、イギリスは南アフリカ戦争（第二次ボーア戦争。一八九九～一九〇二年）に国力を費やしており、東アジアに力を注ぐ余裕がなかった。日清戦争後、清国の勢力を駆逐し韓国（一八九七年に李氏朝鮮は国号を大韓帝国に改称していた）の支配権を確保しようとしていた日本にとって、ロシアは清国に代わる新たな脅威として浮上した。ロシアを共通の脅威として、一九〇二年一月三十日、日本とイギリスは軍事同盟に調印し、即日発効させた。これが日英同盟協約であり、二月にはその内容の公表や列国への通知がなされた。

共通の敵ロシアに東アジアで対抗することとともに、イギリスが同盟締結に当たって重視したのは海軍力のバランスであった。この時期の東アジアの英海軍に対する脅威は露仏海軍であり、一線級の軍艦の戦力比から海軍本部は日本との同盟を強く望んでいた。また日本が露仏と組む、日露仏の海軍連合という最悪のシナリオを考慮すればなおさらだった。両国の交渉は決して順調とは言えなかったが、お互いに譲歩した。とくに同盟の適用範囲が極東に留まり、インドまで含めたかったイギリスにとっては不満が残った。

日英同盟はその後、二回改定されてその内容を変えるが、この最初の同盟は専守防衛同盟であり、どちらかが他国と戦争となっても自動的に参戦する義務はなく、第三国が相手側に付いて参戦した場合に参戦義務が生じるものだった。日本側にとっては三国干渉のような第三国の介入を抑止する効果があった。またよく、日英同盟でイギリスは他国と同盟しない「光栄ある孤立」を解消したと言われるが、日本もこれにより「人種的孤立」を解消したといえる。この同盟の非公式交渉が一九〇一年春に始まったときの日本の外務大臣は、外務省随一の親英派と目され、後に対独開戦を主導する加藤高明《かとうたかあき》であった。

秘密裏に日英が同盟交渉を続けていた頃、ロシアは清国と撤兵交渉をしていた。日英同盟締結後、二ヵ月ほど後の一九〇二年四月八日、露清間で満洲還付協定が結ばれ、ロシアは三回に分けて撤兵することになった。和田春樹氏は、ロシア側が撤兵に応じたのには日英同盟成立の「衝撃」が影響したのではないかと見ている。

### 日露交渉

ロシアは第一期の撤兵は履行したが、翌〇三年四月の第二期撤兵は履行しなかった。この露軍の居座りに危機感を抱いた日本は、極東における日露相互の「利益の確定」のための交渉を提起し、八月から両国は交渉を始めた。日本側が八月の交渉で提出した第一案は、かなり強硬なもので、ロシアに日本の韓国における軍事上も含めた優越権を認めさせようとする一方で、満洲問題ではロシアに鉄道経営を承認するだけというものであった。当然、ロシアは受け入れない。ロシアは、満洲問題は清国との問題であり、日本にとやかく言われる筋合いはないと考えていたし、韓国における森林資源にも関心を持っていた。

### 日韓関係

ここで交渉の争点の一つとなった韓国（朝鮮）について、明治維新後の日韓関係を交えてまとめておこう。一八六八年の維新後、朝鮮（李朝）政府は、日本政府が王政復古を伝えようとした国書で皇帝を意味する「皇」などを天皇に関連して使っていたため、受け取りを拒否した。中国との宗属関係で属国であることを認めていた朝鮮にとって、皇帝は清朝皇帝しかありえなかった。これが日韓関係のケチのつけ始めで、日本政府内では七三年に征韓論が高まり、強硬策が一度は決められたが、これは国力に見合わないと撤回された。

岡本隆司氏が描いたように、この頃の中朝関係は近代的な主権国家関係ではなく宗属関係であったが、朝鮮は属国の地位に甘んじていたというよりも「属国自主」の立場を取り、したたかにこの関係を利用し、処理に困る事態が起きると清朝に頼った。

一八七五年に明治政府は測量のためと称して軍艦を江華島《カンファド》の水道に派遣し、朝鮮の砲撃を誘い、それをきっかけとして国書を受け取らせ、鎖国政策を取っていた朝鮮に開国と不平等な通商条約の締結（七六年）を認めさせた。

朝鮮政府内では一八八四年に日本公使の支援を受けて、急進開化派（独立党）がクーデター（甲申《こうしん》政変）を起こし、政府の要人を殺害し、一度は革命政権を樹立したが、一五〇〇名の清朝軍の介入により政権は崩壊した。清朝軍は日本公使館まで攻撃した。清朝軍の一部を率いていたのが当時二五歳の袁世凱で、李鴻章に認められ、以降、朝鮮の本格的な属国化を推し進めた。一方、クーデターの首謀者の一人、金玉均《キムオツキヨン》は日本に亡命し、親交のあった福沢諭吉《ふくざわゆきち》の屋敷（現在の慶應義塾三田キャンパス）にしばらく身を潜めた。彼の亡命は、明治政府にとって最初の政治亡命とも言われる。金は九四年三月、上海に誘い出されて朝鮮の刺客に暗殺され、これはその後の日清戦争の誘因ともなった。

一八九四年初めに朝鮮で、新興宗教の東学党《とうがく》が蜂起して反乱を起こすと、六月、朝鮮政府は清朝に援軍を求めた。袁は李に出兵を促し、清朝軍により東学の反乱は鎮圧されたが、先の甲申政変後に結ばれた条約で事実上認められていた出兵条項に基づき日本も出兵してきて、日清は朝鮮で軍事的に対峙するようになった。両国間の撤兵交渉はまとまらず、開戦の機会をうかがっていた日本政府は七月二十日、不可能であることを見越して、朝鮮政府に清朝軍を退去させるよう求める最後通牒を発し、ダメなら日本が代わって清朝軍を駆逐するとした。こうして、七月二十五日の豊島《ブンド》沖海戦から日清戦争が始まった。機を見るに敏な袁は、早々と危険を悟って漢城（ソウル）を脱出した。

日清戦争は先にも述べたように日本の勝利に終わり、清朝の勢力は一掃されたが、朝鮮国王高宗《コジョン》の皇后閔妃《ミンビ》の一族はロシアと結び、日本の影響力を排除しようとした。一八九五年十月、三浦梧楼《みうらごろう》公使らは閔妃を殺害し、日本寄りの政権を樹立したが、九六年に高宗はロシア公使館に逃げ込み、親日政権もすぐに崩壊した。戦争までして清朝の勢力を朝鮮から駆逐したら、今度はロシアが影響力を持つなど、明治政府は朝鮮（九七年から韓国）国内の反発もあって、その支配に手を焼いていたのである。

## 日露戦争

日露交渉に話を戻すと、ロシア政府内では、穏健派の重鎮ヴィッテ蔵相（首相を置かないロシア政府で首相級であった）が一九〇三年八月に蔵相を解任されて失脚してから強硬派が力を持ったが、それでも日本との戦争は望んでいなかった。ロシア側は韓国北部への中立地帯設定、韓国領土の軍事的不使用といった対案を日本に返したが、最低でも韓国を勢力圏として認めさせたい日本側との隔たりは大きかった。日本側はロシアとの交渉に危機感を募らせ、日本政府や元老には対露開戦は避けられないのではないかという意識が高まっていく。一九〇四年一月十二日、日本政府は対露交渉最終案をまとめ、十六日に伝えたが、二月初めになっても返答は届かなかった。

一方でこの頃、日本側には露陸軍が増強され、韓国との国境の鴨緑江《おうりょっこう》に軍が集中しているといった情報がもたらされていた。二月三日には山東半島の北岸で威海衛の西に位置する芝罘《チーフー》の日本領事から「露旅順艦隊が出港」し、行き先は不明という電報が入った。結果的にこれは演習のための出港だったが、日本海軍には緊張が走った。内閣と元老は四日、会議で一致して開戦を決め明治天皇の裁可も得た。日本はロシアとの外交関係を断絶し、八日に陸軍が韓国の仁川《インチョン》に上陸し、その日の夜半に海軍は旅順港口の露艦隊に対して奇襲攻撃を仕掛けてロシアとの戦いを始めた。

ロシア側では、皇帝は前年十二月には妥協姿勢に変わり、ロシア政府は一月二十八日には中立地帯設定要求を取り下げるなど譲歩案を決めていたが、皇帝の承認は二月二日にずれ込み、さらに東京の交渉担当者に回答が届く前に、戦争は始まってしまった。伊藤之雄氏は、ロシア側の回答がもう少し早いか、日本側のロシアに対する不信感が小さければ、日本は「開戦を急がず、戦争が避けられた可能性がある」と指摘している。

日本陸軍は主要な会戦として、遼陽《りょうよう》会戦（一九〇四年八〜九月）、旅順攻囲戦（〇四年七月〜〇五年一月）、奉天会戦（〇五年二〜三月）に勝利したが、将兵の犠牲も多く、弾薬・装備も底をつき始めていた。海軍は、黄海海戦（〇四年八月）、蔚山沖《ウルサンおき》海戦（〇四年八月）に勝利し、さらに日本海海戦（〇五年五月）では露海軍に圧勝した。

先に述べたように日露交渉のきっかけはロシアの満洲占領にあったが、開戦直後、日本側には満洲について特段の構想はなく、中立化すら検討されたことがあった。ただ、日露戦争の陸戦の主要な戦闘地は満洲となり、陸軍の勝利によって占領地が拡大するにつれて、この地を日本の勢力圏に組み込むという構想を首相・外相は持ち始めた。

日露は一九〇五年八月十日より、アメリカのセオドア・ローズヴェルト大統領の斡旋で、アメリカのポーツマスで講和交渉に臨み、九月五日に日露講和条約（ポーツマス条約）を締結した。この条約により日本は、韓国に対する支配権を認めさせるとともに、領土としてロシア領の樺太南半分を得た。また満洲においては、中国側の同意を条件としてロシアの遼東半島南部の租借権と長春《ちょうしゅん》―旅順間の鉄道の譲渡などを受けることになった。つまりロシアがそれ以前に清国から獲得していた満洲権益の一部を引き継ぐことが、一応、日露間ではまとまったのである。この条約でロシアから賠償金を得られなかったため、日本国内では暴動も起きたが、外債に依存して戦争をしていた日本の継戦能力と露軍がヨーロッパからさらに大軍を派兵する軍事力を有していたことを考えると、必要な妥協であったと研究者の多くは見ている。

## 日英同盟改定

ところでポーツマス講和会議が始まって間もなく、八月十二日に日本とイギリスは第二回の日英同盟協約を締結した。その特徴は変更点によく表れている。第一回の専守同盟は、千葉功氏の表現を借りれば「中立条約と同盟条約との中間形態」であったが、第二回では攻守同盟となり本格的な軍事同盟として強化された。一方が敵国を挑発することなく交戦する場合、同盟国はただちに援助して協同戦闘に入り、講和も双方合意の上でおこなうと定められた。また同盟の適用範囲は東アジアからインドにまで及ぶようになり、ロシアが南下してインドを脅かす事態に日英が協同で備えることになった。改定内容は伏せられていたが、八月末に新聞にリークされた。現下の戦争にイギリスが参戦することはないが、講和後のロシアの対日復讐戦を抑止する効果は大きかったと言える。

またイギリスは同盟交渉で韓国に対する日本の保護権を承認した。韓国には日露戦争開戦時にはロシア側に付くという選択肢もあったが、すぐに首都漢城を日本軍に占領され、一九〇四年二月二十三日に日韓議定書で日本への協力を約し、第一次日韓協約（八月二十二日）、日露戦後の第二次協約（〇五年十一月十七日）を経て外交権を失い日本の保護国と化した。第三次協約（〇七年七月二十四日）では、日本の統監による内政の全権掌握が規定され、軍隊も解散させられ、一〇年には韓国併合条約により韓国の統治権は日本に譲渡された。以降、日本は朝鮮総督府を置いて朝鮮半島を支配するようになる。

### 清朝政府との難交渉

ポーツマス講和条約では、中国の同意を条件としてロシアの満洲権益の一部を引き継ぐことが日本に認められたが、一九〇五年十一月七日から始まった清朝政府との交渉は、千葉功氏が書くように「ポーツマス講和会議以上の難航」を来たした。北京で交渉に当たったのは、ポーツマス会議で必要以上に妥協したと非難された小村寿太郎《こむらじゅたろう》外相で、その失地挽回を清との交渉で図ろうとしたともいわれる。清朝側には、最高政治機関である軍機処《ぐんきしょ》に属する軍機大臣二名の他に、直隷（首都に直属した省。ほぼ現在の河北省）総督として北洋大臣（沿海三省の通商や北洋海軍を担当）を兼務していた袁世凱がいた。清朝側の強硬な反対もあったため、日本側も満洲における安寧秩序維持のための行政機関設置という清国の主権を著しく侵害する無理な要求を取り下げ、十二月二十二日、満洲に関する日清条約が締結され、ポーツマス講和会議の条項の承認を得た。

これで日本はロシアの満洲権益を引き継ぐことに成功したが、旅順・大連を含む遼東半島南部の租借地（関東州）に関しては二五年という租借期限もそのまま引き継いだ（従って一九二三年には租借期限切れとなる）。この短い租借期限が、後に日本が日独戦争に踏み切る要因の一つとなる。他の条項のなかで重要だったのは、東清鉄道の南満洲支線の譲渡が認められたことで、一九〇六年には南満洲鉄道株式会社（満鉄）が設立された。日本はロシアが東清鉄道に有していた鉄道附属地制度という、沿線に行政権を持つ特殊な制度も引き継いだ。満鉄が行政を及ぼす沿線の帯状の地帯は、満鉄附属地と呼ばれた。大雑把に言えば、線路沿いに細長い租借地のようなものを得たと考えるとわかりやすいだろう。

### 日露戦争後のドイツの孤立

日露戦争はヨーロッパの外交にも大きな影響を与えた。開戦二ヵ月後の一九〇四年四月、イギリスはロシアの同盟国フランスと英仏協商を結び、双方の海外植民地を画定して、海外での紛争の芽を摘み取り接近した。イギリスはその後、〇七年八月にロシアとも同様の海外の勢力範囲を画定する協定を締結した。露仏は一九世紀の終わり頃から同盟関係にあったので、これで英仏露による三国協商と呼ばれる体制が確立し、ドイツは孤立した。イギリスにとっては、日英同盟締結のきっかけとなった東アジアでの露仏海軍とのバランスの問題は解消したが、海では新たなライバルとしてドイツが建艦競争を仕掛けていた。

日本も仏露に接近し、一九〇七年六月十日には日仏協約が調印された。これは、清国の領土保全・現状維持を確認するとともに、日本にとっての福建省、フランスにとってのインドシナをそれぞれ勢力範囲として承認する内容だった。日本は七月三十日にはロシアとも協約（第一回日露協約）を調印した。これでロシアによる満洲での対日復讐戦の可能性は消滅し、日露戦争で得た成果を確実なものとすることができた。この協約では、表向きは清国の独立・領土保全、機会均等の相互承認がなされたが、秘密協約で、南満洲を日本、北満洲をロシアの勢力範囲として相互に認めるなどしていた。

東アジアでの列強間の関係は、これで安定することになった。デイヴィッド・スティーズ氏は、これらの諸協定は日本にとって「大成功」で「記念すべき出来事」でもあり、日本は「もはや地方の成り上がりものではなく、今や極東の舞台上における帝国主義列強のプレイヤーとして認められた」と評価した。

## 辛亥革命

一方で列強に蚕食された中国では、大きな政治的変動が起きた。辛亥革命《しんがい》である。一九一一年（干支《えと》の辛亥の年）十月に武昌《ぶしょう》で、洋式軍である新軍が蜂起し、革命は始まった。宣統帝溥儀《せんとうていふぎ》の即位後に失脚していた袁世凱は、総理として清朝政府に呼び戻されて反乱軍の鎮圧に当たった。各地で清朝軍と革命軍の激戦が続くなか、十二月四日南京で革命派は各省代表を集めて臨時政府を樹立した。二十九日には孫文《そんぶん》が臨時大総統に選出され、次いで一二年一月一日に中華民国が発足した。

そのような状況下で、講和交渉で全権を務めた袁は、清朝に見切りをつけ、溥儀の退位を実現する見返りに自らが臨時大総統に就くことを画策して受け入れられた。一九一二年二月十二日、溥儀の退位が発表された（溥儀はその後、一時的に皇帝に返り咲くなどしたが、清朝のラスト・エンペラーとなり、後に満洲国皇帝となる）。この辛亥革命でおよそ三〇〇年続いた清朝が倒れ、三月に袁は中華民国臨時大総統となった。革命の成果を袁世凱が「横取りした」といわれるのはこのためである。袁はその後、一三年七月からの孫文らによる軍事蜂起を鎮圧し、一三年十月に正式に大総統に就任し、反対勢力を弾圧した。

中華民国はアジアで最初の共和国とも称されるが、その後、袁は一四年一月に国会を解散するなどして独裁体制を強化した。彼の権力の源泉は軍事力の掌握にあったので、共和国とは名ばかりで実態は軍閥による独裁政権に近いといえそうである。革命の混乱に対応するために、西洋列強と日本は、漢口の租界に小規模ながら派兵したり（日本軍がもっとも多く「駐清派遣隊」と呼ばれた）、華北駐屯軍を増強するなどした。

ただ辛亥革命への対応は、日英関係に微妙な影を落とした。革命当初、日本は清朝政府を擁護して立憲君主制の導入で事態の収拾を図ろうと考えていたが、イギリスは共和制を容認した。その理由は、革命派勢力の強い華中にイギリスが利害を有していたためという。

イギリスは日本の共同干渉提案も拒否し、独自に休戦を斡旋した。櫻井良樹氏によれば「日英同盟は機能しなかった」のであり、スティーズ氏がどんな経過報告でも少なくともA評価を与えると見た一九〇五年時点の良好な同盟関係には陰りが生じていた。

また、アメリカ人は、義和団事変を忘れたかのように中華民国をアメリカと同じ「姉妹共和国」と見なして歓迎し、日本人よりも中国人の方が民主的であるとか、日本よりも中国の方が西洋的であるといった報道も一部ではなされた。政治体制が変わったことで急に中国が民主的になるわけもなく、袁も民主的な指導者ではなかったが、自己像を投影していた。一九一三年三月に発足したウィルソン政権は早々と袁政権を承認し、中国がいつかアメリカのような民主主義国になることを期待し、中国に同情的な政策を取り続けた。

## 「東洋の真珠」青島

辛亥革命のおよそ二年半後、第一次世界大戦が勃発する。その前にドイツ租借後の膠州湾・青島はどうであったか見ておこう。ドイツの官民の投資・都市計画などのおかげで、租借後一六年で、膠州湾地域は目覚ましい発展を遂げた。なかでも青島は西洋の都市と比べても遜色ない、近代港湾都市に変貌した。統治は安定し、近代的な学校が設立され、衛生状態も改善された。青島を中心として、ドイツ系商社・鉱山会社・銀行・鉄道が地域の経済発展を支えた。また青島港はドイツ人技師の手で一八九九年より築港が始まり、一九〇六年に完成し、当時、世界的にも最大規模の浮きドックを備え、貿易港や給炭地としても栄えた。青島は、観光・保養地としても「東洋の真珠」「アジアのブライトン」「東洋のリヴィエラ」と称されて注目され、その美しさは指折りであった。

青島は軍事的にも重要な役割を担うようになった。ドイツ東洋戦隊の母港として軍港となり、またドイツ政府は一九〇七年から近代的軍事施設の構築に本格的に乗り出し、青島の北東部には堡塁《ほうるい》が建造・整備され、砲台も備え、ヨーロッパの要塞都市に比肩する軍都ともなった。ただ、これらの軍事施設は、中国の軍事勢力による地上からの攻撃を想定しており、据え付けられた砲は最新式ではなく、チャールズ・B・バーディック氏の皮肉な評価では「士気を高揚させるための騒音を提供することはできたが、どのような軍事的な援護も約束できるものではなかった」。より強力で近代化された軍による攻撃から守るには、設備、装備、人員や弾薬・砲弾も十分とは言えなかったのである。そのようななかで青島は一九一四年を迎えたのである。

# 第一次世界大戦の勃発と青島

# 大戦はなぜ起こったのか

## 大戦の起源

一九一四年六月二十八日、テロリストが放った二発の凶弾がオーストリア＝ハンガリー帝国（以降、オーストリアと略記）の皇位継承者フランツ・フェルディナント大公とその妻を死に追いやった。それから一ヵ月後、七月二十八日、オーストリアはセルビア王国に宣戦布告し攻撃を始めた。ただ、この時点で戦火は二ヵ国のみでバルカン半島に限られていた。それが、一週間ほどのうちに、ドイツ・オーストリアに対して、セルビア・ロシア・フランス、少し遅れてイギリスが戦うことになった。ヨーロッパの各国は「戦争という煮立った大釜のなかに縁を越えて滑り落ちていってしまった」（大戦後半のイギリス首相デーヴィット・ロイド＝ジョージ）のである。なぜ一世紀近く続いたヨーロッパの大国間の平和は突如破られ、大戦へと発展したのか。

歴史上、第一次世界大戦の原因ほど、議論や論争、問題提起がなされたことはないともいわれる。開戦後、早くも八月から開戦責任をめぐる問題は浮上し、多くの国が外交文書を公刊し、自らの正当性を主張した。それらには史料の改竄《かいざん》、不利な情報の隠蔽《いんぺい》、さらに口裏合わせなどがあり、信頼できない部分も多い。また、国内での戦争への支持を確保する目的もあって、どの国も「防衛戦争」を主張した。次にはアニカ・モムバウア氏の見解を参考にしながら、開戦原因の議論の推移についてまとめてみよう。

## 終わりのない議論

開戦責任という形で開戦原因の問題にとりあえずの結論を下したのは、戦後のヴェルサイユ講和条約であった。第二三一条では大戦勃発の責任を敗戦国ドイツとその同盟国（オーストリアなど）に一方的に帰し、莫大な賠償責任を負わせた。このようなドイツ責任論は政治的なもので、当時の戦勝国の国民には歓迎されたが、歴史家の検証に耐えるものではなかった。ドイツを中心にこのような見解を見直す修正主義者が現われ、同盟システムの欠陥から大戦が勃発し、いずれの国にも何らかの責任があるという見方が、新たなコンセンサスを得るようになった。

第二次世界大戦後、一九六〇年代になって、このような見方を一蹴しようとしたのが、ドイツの歴史家フリッツ・フィッシャー氏であった。彼は、ドイツは世界強国となって世界的覇権を握るため一九一二年から戦争を準備していたと主張し、第一次世界大戦をドイツによる「侵略戦争」として、戦争責任の大部分はドイツにあると断じた。第二次大戦の場合のヒトラーの侵略性には疑う余地がないが、同じようにドイツの指導者たちが意図的に第一次大戦を引き起こしたという主張には賛否両論が主にドイツで噴出し論争となったが、史料的に裏付けるには無理があった。ただ、この論争は大戦原因の研究に一石を投じ、その後の研究では、オーストリア・セルビアの政策決定、あるいはロシア・フランスの役割を見直したり、戦争を回避するためにイギリスにも他にできたことがあったのではという主張も出てきた。そのようなかで大戦一〇〇周年を迎え、前後して出版された数多くの文献のなかでは、クリストファー・クラーク氏の『夢遊病者たち』が説得的で、読み物としても面白い。ただそれをもってしても、一〇〇年を過ぎても、なぜ大戦が起きたのかということには「コンセンサス」がないということが、コンセンサス」（モムバウア氏）とも言われる。

研究者の間でコンセンサスがないとしても、近年、事実関係で明らかになったことは多い。以下では、海外ではイアン・ニッシュ、ピーター・ロウ、クラーク、ヒュー・ストローン、バーディック、ジョン・ディクソンの各氏、日本では平間洋一、斎藤聖二、櫻井良樹、伊藤之雄、奈良岡聰智、千葉功、小池求の各氏の論文・著作を主に参考にして、青《チン》島《タオ》や天津《てんしん》の様子を織り込みながら、七月危機（六月末から大戦に至る時期はこう呼ばれる）

から大戦に至る過程、英日の参戦、さらに青島の戦い、ドイツ領南洋群島の占領を見てみる。なお東アジアとヨーロッパの間には七～九時間の時差があり東アジアが先に進んでいる。以下の記述ではとくに断らない限り日付や時間は現地時間とし、必要に応じて、たとえばドイツ時間を［独］といった形で表示する。

# 青島と英独軍の交流

## 一九一四年の青島

一九一四年二月、青島港に入港したハンブルク・アメリカ汽船の客船パトリシアから、現地守備隊要員と交代する新兵たちが下船した。ドイツ人青年の間で、ロマンをかき立てる青島は人気の勤務地で、比較的育ちのよい若者が集まっていたという。上陸した彼らに、総督が短い歓迎の挨拶をした。

膠州湾租借地《こうしゆうわんそしやくち》総督アルフリート・マイヤー＝ヴァルデック（以降、日本の慣例でヴァルデックと略す）海軍大佐は四九歳。青島には一九〇八年に赴任して総督府参謀長を務め、一九一一年八月に総督となった。長身の巨漢で、「明らかに小利口な政治屋というよりも屈強なプロフェッショナルだった」とバーディック氏が評しているように、威厳と自信に満ちた海軍軍人であった。

租借後、膠州湾地域の開発と統治は海軍省に委ねられ、海軍省は直轄の膠州湾総督府を設置した。総督府は、行政・司法のみならず軍政も束ねる最高行政機関で、その長の総督は、代々、現役の海軍軍人から選ばれた。膠州湾総督（青島総督とも呼ばれた）は海軍省長官に直属していたが、租借地全体における権限は総督に集中しており、通常ではあり得ないほどの「自由裁量権」を持っていた。

膠州湾租借地を守る独海軍は、独海軍第三（歩兵）大隊と第五砲兵部隊であった。また総督は、北京・上海・漢口《かんこう》の独軍も管理した。さらに、天津に司令部を置く東アジア海軍派遣部隊（天津駐屯軍）に対しても、一定の責任と権限を有していた。これは四個の歩兵中隊（将兵約四〇〇名）と機関銃部隊（将兵約六〇名）を擁していた。いずれの軍も「海軍」と称していたが、内実は陸上部隊で、軍の規則や戦術などは陸軍のものを用いていた。

図4　アルフリート・マイヤー＝ヴァルデック総督（アメリカ議会図書館所蔵）

青島に着いたばかりの独軍兵士たちは、日本人の経営する写真館で写真を撮ることが慣例だったようであ

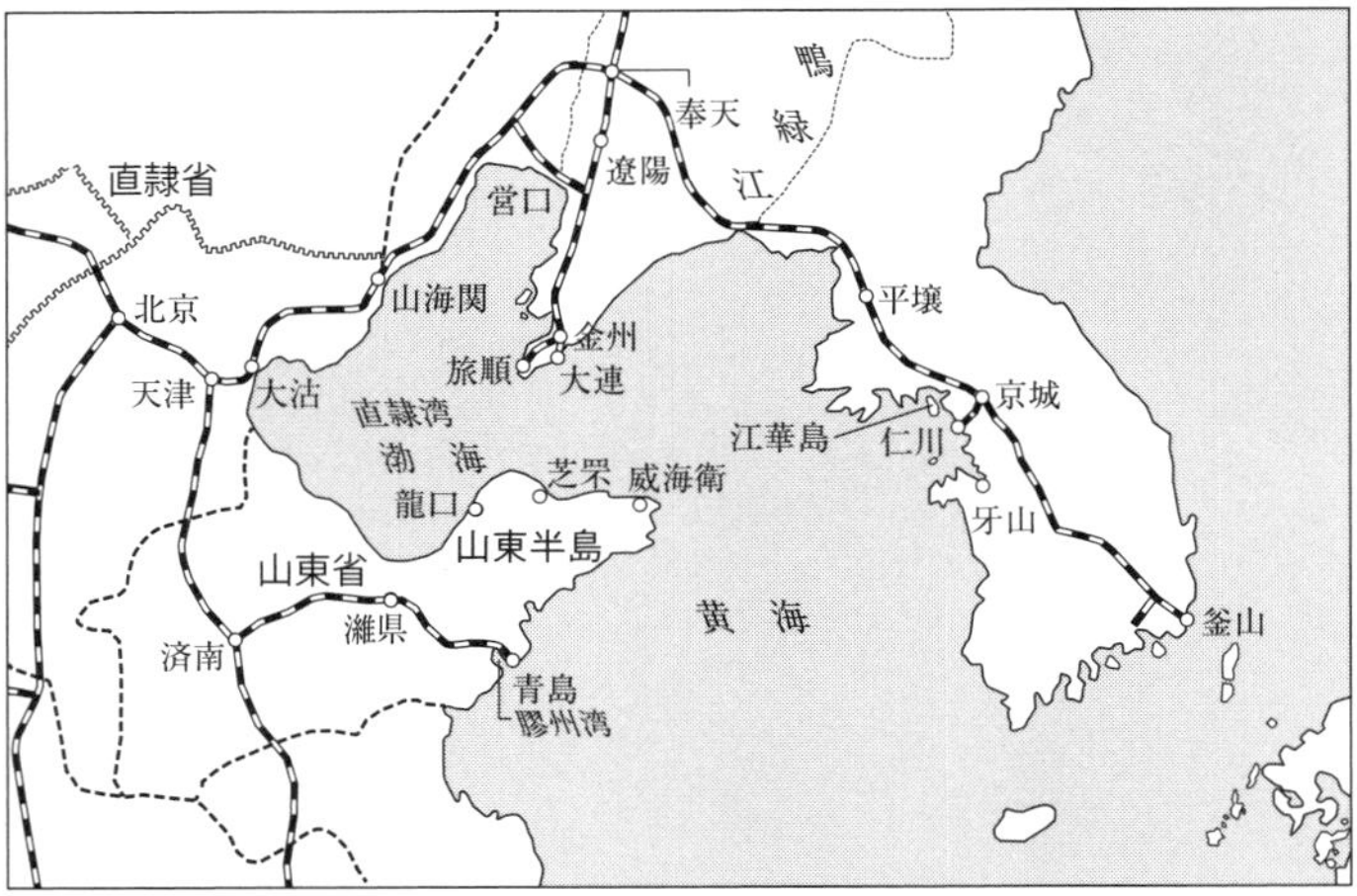


図5　1912年頃の朝鮮・満洲・中国関連地図（佐々木雄一『帝国日本の外交 1894-1922』東京大学出版会，2017年，および千葉功『旧外交の形成　日本外交一九〇〇～一九一九』勁草書房，2008年より作成）

る。浅田進史氏の研究によると、ヨーロッパの法文化に適応したという理由で、一九〇〇年の保護領令によって、日本人は当時のドイツ植民地法の「有色人」から除外され、優遇されていた。ただ、日本人は多くはなく、一九一三年で百数十名で、米英露は領事館を開設していたが、日本は領事館を設けていなかった。

しかし、経済的つながりは深まっていた。一九一三年二月に留任要請を蹴って外務大臣を辞していた加藤高明《かとうたかあき》は、五月に中国旅行の途中に青島を訪問していたが、帰朝後の視察報告で膠州湾での日本の貿易額が大幅に伸びていることに触れ、現地ではドイツが築いた近代的な港湾設備が印象に残ったと述べている。加藤は翌一四年四月に大隈重信《おおくましげのぶ》内閣で外務大臣に返り咲き（四度目の外相就任である）、八月には対独参戦を主導することになる。

### 青島への英海軍の親善訪問

一九一四年六月二日、客船パトリシアは再び交代要員を青島に運んできた。今度は一〇〇〇人を超える水兵などの艦船の乗組員である。彼らが乗船する独東洋戦隊は、装甲巡洋艦二隻、軽巡洋艦四隻、他に駆逐艦などを含めて、総トン数で二万一九七〇トンの艦艇を擁していた。司令官の海軍中将マクシミリアン・フォン・シュペー伯爵は、鋭い知性と戦術への理解を備え、攻撃精神と自信に充ち溢れ内外で尊敬されていた。

図６　マクシミリアン・フォン・シュペー独海軍中将（アメリカ議会図書館所蔵）

シュペーは一〇日後、英中国艦隊司令長官のトーマス・M・ジェラム中将の訪問を受けることになっていた。この頃の列強の海軍では各国間の交流は珍しいことではない。シュペーも旗艦シャルンホルストで日本を訪問し、一三年四月に横浜港に停泊し、海軍大臣や軍令部長など日本海軍の幹部を招いて午餐会を開き、大正天皇にも拝謁している。

極東において英独海軍は良好な関係を維持しており、独海軍軍艦の修理に香港のドッグの使用が認められていたこともあったし、英中国艦隊は定期的に青島に親善訪問をしていた。親善といっても、むろん裏で海軍軍人は内密に情報収集もしていた。

六月十二日、イギリスの巡洋艦が青島港に入り独艦の隣に着岸し、その日の夜にはドイツの巡洋艦で晩餐が催され、シュペー、ジェラム、ヴァルデックの三者が集った。両軍は翌日にはスポーツ大会に興じた。十六日にジェラムは青島港を去ったが、その際には両海軍ともに「また会う日まで、ごきげんよう、さようなら」と信号旗を掲揚した。しかし、二ヵ月もしないうちに両軍は敵同士となり、とくに英海軍は独巡洋艦の行方に神経をすり減らし、両軍兵士がサッカーに興じた運動場は即席の飛行場になった。

ジェラムが去るとシュペーも、乗組員の訓練と太平洋のドイツ領の諸島を巡視するために、慌ただしく艦隊を出港させた。帰港予定は九月だった。青島には巡洋艦エムデンが残り、カール・フォン・ミュラー艦長が基地司令の任務を代行することになった。

## 天津の英独軍

当時、天津租界には各国軍が駐屯していたが、英軍としては南ウェールズ境界守備軍（辺境軍とも呼ばれる）の第二大隊が配属になっていた。この大隊は、前の任地である南アフリカから海路で一九一二年十一月に中国に来て、三個中隊は公使館の護衛に就くために北京に向かい、残りは天津に入った。兵士は正規兵で、なかにはボーア戦争で戦った兵士もおり、軍務のみならず海外経験も豊富であった。

一方、独軍は先に述べた東アジア海軍派遣部隊で、ディクソン氏によれば、天津の英独軍の兵舎は隣といってよいくらい隣接しており、友好的な交流があったという。

大戦勃発の一ヵ月ほど前には独軍指揮官の招待で、両軍将校が独軍の将校食堂で晩餐をしたこともあった。そこで両軍の将校は、素晴らしい友情が妨げられることがないよう願い、それぞれの君主のために乾杯したという。後に開戦が迫ると天津の独軍は青島に移動し、かたや英軍は日英共同作戦に参加し、双方は青島で戦うことになる。

# 七月危機と青島

## サライェボ事件

英海軍が去って二週間弱の六月二十八日、サライェボで暗殺事件が起きたが、その報は翌日には青島に届いていた。暗殺の背景には、オーストリアが一九〇八年にバルカン半島のボスニア＝ヘルツェゴビナを正式に併合し、セルビア人が反発していたことがある。ボスニアの住民の多くは、ロシア正教でスラヴ系のセルビア人であった。また、セルビア王国は二度にわたるバルカン戦争に勝利して、領土を拡大し、勢いに乗っていた。

セルビアの民族主義が高揚するなか、セルビアの秘密結社でテロ訓練を受けてボスニアに送り込まれたセルビア系ボスニア人青年が、暗殺を実行した。オーストリアは、暗殺の背後にセルビア王国が関与していると判断した。穏健派の大公が暗殺されて、オーストリア政府内では、セルビアに膺懲《ようちょう》的な戦争を仕掛けるという強硬派の主張が勢いを持った。大戦の火種は燻っていたが、ヨーロッパの大多数の人々と同じく、青島市民は平穏な日常を送っていた。

## ドイツの白地小切手

オーストリアはセルビア攻撃を考えていたが、スラヴ民族の盟主を自任するロシアの介入を恐れ、同盟国ドイツに相談し、七月五日にカイザーと宰相テオバルト・フォン・ベートマン＝ホルベークから、対セルビア戦争への全面支援の約束を取り付けた。暗殺された大公と親しかったカイザーは憤慨していた。六日にカイザーは恒例の北欧へのヴァカンスに出かけてしまったが、宰相ベートマンは再度、支援に同意し、早急に動くよう促した。これが世に「白地小切手《しらじこぎって》」と称される約束で、この約束がなければ強硬派が勢いづくこともなく、オーストリアはセルビア攻撃を控えたかもしれなかった。ただ、ヒュー・ストローン氏は「衝撃的だったことは、『白地小切手』を発したことではなく、それが本当に白地だったことだった」と書いている。ドイツの指導者は誰も、進行する事態を導き管理しようとはせず、ある意味でオーストリア任せにしてしまったのである。

ドイツの指導者は重要な同盟国であるオーストリアの信頼を失いたくなく、このような支援約束をした。さらに彼らは、軍事大国ドイツに挑戦して、ロシアが介入することは十中八九ないと見ていた（結果的には誤りだったが）。セルビアはロシアの同盟国ではなかったし、バルカン半島にロシアの死活的利害が関わっているとも思えなかった。ただ、ロシアはフランスと軍事同盟を結んでいたので、ドイツにとってロシアとの戦いは、フランスとの戦いも意味した。露仏との二正面戦争という高く付くリスクを抱えていたが、ドイツの指導者たちの危機意識は低かった。カイザーはヴァカンスに出かけ、陸軍トップのモルトケ参謀総長（小モルトケ。伯父のモルトケはドイツ統一の立役者）は湯治に行き、外相は新婚旅行で不在だった。

だが、ドイツ側はオーストリアに、セルビアを攻撃するのであれば、できるだけ迅速にするよう助言していた。ヨーロッパで同情を集めているうちにオーストリアがセルビアを攻撃していたとしたら、ロシアもすぐには介入できず、戦争は「第三次バルカン戦争」程度に局地化できると考えていたのである。しかし、オーストリアの動きは遅かった。

## シュペーの対応

この頃、青島市民は大戦など夢にも思っていなかっただろうが、独東洋戦隊は違っていたという。七月七日、外洋にいたシュペーは基地司令任務を代行していたミュラーに、上海に向けて八日に出航予定だったエムデンと砲艦ティガーを青島に留まらせることと、アジアの独海軍の海上・水上戦力の状態や位置の把握を命じた。念のためであったろうが、慧眼とも言えそうである。

ドイツからの支援の約束を受け、オーストリアはセルビアが受け入れ難い最後通牒を発して拒絶を待って開戦することは決めたが、そう決めてからも、その動きは緩慢で最後通牒の発出は七月二十三日にまでずれ込んだ。

太平洋上にいたシュペーは、この頃に状勢緊迫化の報を受けて、青島には戻らず、艦隊を秘密裏にミクロネシアの東カロリン諸島に移動させた。また、シュペーはミュラーに中国の主要河川で任務に当たるドイツの砲艦を「静かに移動」させるよう命じた。戦争となった場合に、逃げ道を確保できるようにしたのだった。やがてエムデンは、補給船を連れて青島を出て、マリアナ諸島のパガン島でシュペーの本隊と合流することになる。

## オーストリア海軍とオーストリア＝セルビア戦争

ドイツよりも開戦が差し迫っていたのはオーストリアで、このとき東アジアには巡洋艦カイゼリン・エリーザベト（エリーザベト皇后号。艦名は、息子が心中で亡くなり、自身も暗殺された現皇帝の悲劇の妻の名である）が派遣されていた。ちなみに大戦の発端となった暗殺事件の犠牲者フェルディナント大公は、同号に乗船して、一八九三年、日本に親善訪問をしている。この船は一八九〇年建造の老朽艦であったが、香港で歓待を受け、日本の諸港を回って、六月末には山東《さんとう》半島の芝罘《チーフー》に逗留していた。七月二十一日、艦長は命令を受けて静かに出港し、途中で砲撃訓練もし、翌二十二日夕刻に青島港に入った。この後、艦員はオーストリア本国に帰還するため鉄路でいったん天津に入ったが、すぐに戻るように命令を受け、青島で独軍とともに戦うことになる。

ヨーロッパでは二十三日午後六時に、オーストリアが四八時間後を回答期限とする最後通牒をセルビアに対して発した。直前の二十二日に内容を知らされたドイツも、二十四日に内容を通知されたイギリスなどの列強諸国も強硬過ぎると考えた。セルビア政府は、すぐにロシアに相談した。二十四日、ロシアでは大臣評議会が開催された。ニコライ二世は臨席しなかったが、ロシアはスラヴ民族国家の盟友で「弟分」のセルビアに対する支援を決め、そのための部分動員まで決定した。翌二十五日にはツァーも臨席し、方針を確認した。これらの会議の「歴史上の重要性はどれほど強調してもしきれないであろう」とクラーク氏は言う。ロシアは、スラヴ民族の盟主という威信を守るため、強気の決定をした。その背景には、九年前の日露戦争での敗戦とロシア第一革命の騒乱から回復しつつあったことと、フランスとの強固な軍事同盟があった。

ロシアの強気の決定を知り、セルビアは最後通牒の一部を留保することにした。ロシアの後押しが保証されなければ、大国オーストリアとの全面戦争を避けたかったセルビアは、通牒の全面受諾に動いたかもしれなかった。また、このときロシアは、ドイツを刺激することを避けるために軍を総動員するのではなく、一三軍管区のうち四軍管区のみに限って部分動員することにしたが、この措置も効果はなくドイツ側の疑念を深めた。

二十五日午後六時の最後通牒の期限ギリギリで、セルビアは一部の条件を留保する回答をした。オーストリアは全面受諾以外は開戦と決めていた。

一方、北欧クルーズから戻ったカイザーは、セルビア側の譲歩的な回答を大いなる成功と見なし、戦争を避けるようオーストリアに忠告する意向を示したが、きちんとオーストリア政府に伝わらなかった。七月二十八日、オーストリアはセルビア王国に宣戦を布告して攻撃を始めた。こうしてまずはオーストリア＝セルビア戦争が始まった。

## 青島での警戒

七月二十七日の昼、ヴァルデック総督はドイツ本国から、総督自らが解読するよう指示された極秘のメッセージを受け取った。その内容は、オーストリアとセルビアが外交を断絶し国際情勢は不確実であるので、新たな展開に警戒するようにというものだった。総督はただちに部下に戦力の評価や軍備状況の調査を命じ、中国各地に休暇で出ている人員の呼び戻しも始めた。総督は軍に密かに港湾の入口を監視するように命じ、中国人諜報員からも情報を収集し、天津駐屯軍の指揮官パウル・クーロ中佐にも連絡をした。

翌二十八日の本国からの知らせは、事態が悪化することはないというものだったが、総督は警戒を緩めず、戦争を想定して青島の防御力の調査を続けた。本国からはなかなか必要な情報は届かず、三十日になってやっと、総督はオーストリアとセルビアの開戦を知ったという（時差を考えるとやや遅い）。両国の戦争で、紛争にドイツが巻き込まれる危険性は高まった。総督はただちにクーロに、青島への部隊の移動を準備するよう伝えた。

### 局地戦争のヨーロッパ戦争への拡大

オーストリア＝セルビア戦争は二十八日に始まったが、ドイツはロシアを説得して、戦争を局地戦に留めようと動いた。しかし、軍事動員の問題が、戦争回避の足枷《あしかせ》となった。この頃の戦争では、大規模な軍事行動をする前には、兵士を民間から召集し、軍を戦時編制に切り替える必要があった。これが動員である。逆に動員が遅れれば、相手に対して不利になる。「動員が戦争を意味する」と言われたのは、このためである。

二十九日にロシア皇帝《ツァー》は総動員を決断したが、そこにカイザーから戦争回避を訴える電報が届き、総動員を部分動員に切り替えて発令した。しかし、ツァーは陸軍参謀総長に早く動員する必要があると促され、翌三十日、方針を転換し総動員令を発した。

以前は外交文書の捏造《ねつぞう》などもありはっきりとしなかったが、こんにちの研究では、この一連の七月危機で最初に総動員をかけたのはロシアであることが明らかになっている。オーストリアが総動員を発令したのは、ロシアよりおよそ一八時間後の三十一日である。

ロシアは当時、平時でも一三〇万人（動員可能な兵力で四五〇万人）の「蒸気ローラー」

（整地用の当時の大型重機）と呼ばれる巨大な陸軍を擁していたが、その弱点は動員におよそ二週間かかることだった。ドイツやフランスは、効率的に短期間で総動員ができる。ロシアの弱点を利用して、仏露との二正面戦争に対処するためにドイツが用意していた作戦が、前の参謀総長の名前を冠したシュリーフェン計画だった。それは中立国のベルギー、ルクセンブルクを経由してフランス北部に侵攻してフランスを六週間（四〇日とも言われる）の短期決戦で屈服させ、その後に軍を東に転じて動員に手間取るロシアに対抗するというものだった。この計画を実施するには、一日でも早く総動員をかける必要がある。ドイツは七月三十一日の午後十時［独］にロシアに総動員停止を求める最後通牒を発し、その期限が切れた後（ロシアから回答はなかった）、八月一日にロシアに宣戦布告し、総動員を開始した。同じ八月一日、フランスはドイツからの中立要求を拒否し総動員を始めた。ドイツは、シュリーフェン計画の手始めにルクセンブルクに軍事侵攻し、三日にフランスに宣戦布告した。バルカンの局地戦争はヨーロッパ大の戦争に拡大した。

## 福島安正の青島訪問

ヨーロッパ情勢は一気に緊迫したが、その頃、青島には日本の福島安正《ふくしまやすまさ》関東都督《ととく》の調査の一行が訪れていた。日露戦争後、中国遼東《りようとう》半島先端部の日本の租借地と南満洲鉄道附属地は関東都督府（後の関東庁）が管轄し、福島は一九一二年からその長である関東都督であった。調査は七月二十一日からで、同じような軍港を擁する膠州湾租借地の目覚ましい発展を支えたドイツの行政・官僚機構について学ぼうとするものだった。

福島はドイツ公使館付き武官として一八八七年からおよそ五年ベルリンに滞在したことがありドイツ語も堪能で、その後、単騎で一年半をかけてシベリアを横断し、ドイツ人からも尊敬されていた。前に述べたように、義和団《ぎわだん》戦争の際には清国臨時派遣隊の司令官も務めていた。福島によると、八月一日までの視察で「ワルデック総督以下官民の歓待は至れり尽くせり」であったという。福島らのために自動車二台を割り当て、総督自身、毎日、福島の滞在するホテルを訪問し、「馬車や自動車で案内」することもあったという。ただ、七月も終わりに近づき、国際情勢が緊迫してくると総督は福島に丁重に帰還を促した。福島も事情を察してすぐに出発の準備をした。三十日の夜、別れの晩餐会が催され、二人は何事もないかのように友好的なスピーチを交わした。

### 天津派遣部隊の移動

天津のクーロは、青島への移動を命じられていた。中国が、万が一、露仏側に付いて参戦すれば捕虜となるし、中立でも武装解除されて抑留される可能性があった。そこでクーロは、装備よりも兵員の移動を優先することにした。問題は移動手段で、クーロは最初は海路での移動を考え、そのための蒸気船も用意したが、イギリスと戦争になれば威海衛《いかいえい》の英海軍が直隷湾《ちょくれいわん》を封鎖する恐れがあったため陸路に切り替えた。

クーロの部隊は七月三十一日の夜、複数のルートを使って天津を離れた。折からの強い雨により行軍には苦労したが、同時に雨は移動を隠した。部隊は予め用意した列車に乗り込み、天津郊外への脱出に成功した。中国官憲は列車での軍の移動を認めていたが、イギリスの北満洲会社の鉄道車両を使うことが条件だった。列車を動かしているのはイギリスに反感を持つアイルランド人たちで、クーロの申し出を受け入れ列車を出した。途中、予《よ》備役《びえき》で召集された兵を拾いながら、列車は八月二日に青島に着いた。

装備、なかでも重要な榴弾砲《りゅうだんほう》と野砲の移動は、一人の下士官に任された。彼は一計を案じ、オーストリア領事館の守備兵を借りて砲を分解し、「工作機械」を装って列車で運ぼうとした。それを察知した英仏は、中国官憲に働きかけたが、鉄道輸送を止めることはできなかった。砲は無事に青島に届いた。

予備役兵も、中国各地は元より、韓国・日本・フィリピン・シャム（タイ）・太平洋諸島などから続々とやってきた。なかには中国奥地やインドシナから馳せ参じた者もいたという。士気の高さと愛国心の強さを実感させる。

日本の在天津軍司令官は、四日付の参謀総長宛の電報で、「青島にては露軍の攻撃を恐れ」ていると伝えていた。

## 独海軍砲艦の冒険

事態はこのように急速に切迫した。七月三十一日、オーストリア＝セルビア戦争の報に接したミュラー艦長は、巡洋艦エムデンを港から出し、中国各地の独砲艦に青島に戻るよう命じた。

中国南部の西江《せいこう》にいた砲艦チンタオの艦長は対英戦となる恐れが高まったことを知り、近くの英砲艦の艦長に相談にいった。英独の艦長は次の日の朝、狩りの約束をしていた。英独王室が親戚であるように、英独の上流階級ではお互いに相手の国に親戚も多くいたし、個人同士は友人であることも多かった。イギリス人艦長は、とにかく狩りはして、万が一戦争が始まったときには三〇分の準備時間をくれるようにと答えた。翌朝、二人は狩猟に出かけたが、獲物はなかった。

砲艦チンタオはその晩、静かに出航し、八月三日、広東省の広州《こうしゅう》に錨を下した。英海軍の追跡を逃れるのは至難の技で、捕捉されたら小さな砲艦では戦っても勝ち目はない。艦長は乗組員を下船させ、ボートで青島を目指すように伝え、次の朝に別れを告げた。乗組員は英仏の監視をかいくぐり、苦労しながらも三週間後に青島に到着した。

一方、艦長と随員はドイツを目指し、小船でインド洋を渡り、アラビア半島に達したが、友好国トルコ（オスマン帝国）の首都コンスタンティノープルまで三〇〇㌔ほどのところで、略奪が目的のベドウィン（アラブ系遊牧民）に殺害されてしまった。

日本の参謀本部は独軍の動きを把握していた。七月三十一日夜に漢口の白川義則《しらかわよしのり》大佐（後に大将、陸相）から参謀総長宛に発せられた電報では、この地に住むドイツ人の在郷軍人（予備役）と軍艦乗り込み将校は「青島に集合を命ぜられ三十一日夜出発す」と書かれている。興味深いのは、この情報の出処であり、「青島より当地独逸軍艦に達せし無線電信に依れば」とある。無線を傍受し、解読していたのであろうか。あるいは内通者がいたのか。この電報では「英国は独逸に対し宣戦の布告を為せし由」とあるが、両国が交戦状態に入るのは八月四日、中国では五日であるので、この部分は勇み足である。

### 不明な敵に対する準備

七月三十一日、ヴァルデック総督は、部下たちに情勢が緊迫してきたことを改めて伝えた。ある電信では、英仏露との戦争が差し迫っているとあり、イギリス参戦の可能性も想定されていた。その日、総督はカイザーが八月二日付けの「総動員」を命じたことを知らされたともいうが、時差などを考慮するとおそらく七月三十一日午後一時［独］に発せられた「戦争切迫事態」のことであろう。

総督は、司令系統を整え、八月一日には戦時体制を準備するため租借地に戒厳令を布いた。また、青島防衛のため、歩兵を堡塁の守備位置に付け、小部隊を哨戒《しょうかい》地点に配置した。膠州湾口と青島市内への夜間の出入りの監視も強化した。中国人は貴重な労働力であり、なおかつ敵のスパイにもなるので、その動きに目を光らせた。また、戦時に通信が遮断される事態を考え、馬による連絡、日光反射信号機や、水兵の信号灯などを整備した。

ヴァルデック総督は敵がどの国になるかわからないと部下にこぼしていたが、八月二日にはロシア、三日にはフランスとの交戦の情報が入った（ドイツは八月一日に対露、三日に対仏宣戦布告）。東アジアにおけるフランスの陸上戦力は取るに足らなかった。露軍はその気になれば兵力は出せるが、動員には時間がかかり装備も貧弱で、しかも水陸両用作戦には慣れていない。恐るるに足らない相手だった。バーディック氏によれば、総督にはこの時点で日英と交戦するという確信はなかったようである。

ディクソン氏の著作によれば、天津を去ったクーロは八月一日付けで、英軍の現地指揮官ナサニエル・バーナージストンに手紙を残していた。クーロは隊の急な移動命令で、個人的に別れを告げることができなくなったと書き、代わりに英軍の将校や兵士に「サヨナラ」と「彼らが天津と北京の両地で我々に寄せてくれた友情と同志意識に対する、私からの最大の感謝を伝えて欲しい」と述べていた。この段階ではクーロも、英軍と戦火を交えることになるとは思っていなかったのかもしれない。

バーナージストンも八月四日に「このような友好関係が断絶することは心の底から残念である――断絶が一時的なものに終わるよう衷心より望む」と返答した。中国時間の八月四日と言えば、英独が交戦状態に入る一日前である。友好的な返答をしたのは儀礼もあるだろう。ただ、イギリス参戦後も、英軍の第二大隊の将兵はフランス戦線に投入されると考えており、まさか中国で独軍と戦うことになろうとは思っていなかったという。

ヴァルデック総督の下には、八月四日、イギリスとの戦争が差し迫っているとの電信が届いた。翌五日、青島のイギリス副領事R・H・エックフォードが総督に会いに来た。二人はゴルフ仲間でもあり、戦争を嘆き、副領事は目に涙を浮かべて別れを告げた。時差を考えると、その日の朝のうちに英独は交戦状態に入っていた。エックフォードは、青島陥落後に日本を非難する覚書を認《したた》める外交官である。

イギリスはむろん露仏と異なり、東アジアではドイツにとって強力な敵であり、青島では戦時封鎖と攻囲戦が予想された。さらにイギリス参戦で、その同盟国日本の動きも大きな懸念材料となった。

# 国際問題としての日本参戦

# 七月危機と英日参戦

## 七月危機と日本

もしもイギリスが参戦しなければ、この戦争は基本的にはヨーロッパ大の戦争（欧州大戦）に留まったかもしれない。それでも参戦国のそれぞれの海外領土や植民地での戦いはあったろうが、この戦争が世界大戦化したのは、イギリスやトルコ、そして日本の参戦があったためである。ここではイギリスの参戦と、それに続いた日本の参戦過程について、国際的観点も踏まえて論じてみたいと思う。

前にも見たように、一九一四年七月二十三日、オーストリアはセルビアに最後通牒を発し、翌二十四日にイギリスなどの列強諸国にその内容を通知したが、日本では二十五日（時差を考えれば遅くはない）にオーストリア大使が外務省を訪れ、暗殺事件へのセルビア政府「武官吏」の関与が判明したので、最後通牒を発したと説明した。一方、駐露日本大使は、この最後通牒にロシアが反発し、オーストリアとセルビアが衝突した場合には「露国は之を傍観する能はざる旨声明せり」とロシアの強硬姿勢を伝えていた。

駐日オーストリア大使は、二十七日付け〔日〕の私信で加藤高明《かとうたかあき》外相に、オーストリアに「部分動員」が下令されたことを翌日（二十八日）に通知する旨を事前に伝えていた。オーストリアの部分動員は二十五日〔墺〕に裁可が下りていたが、実施は二十八日の予定であった。在日オーストリア人に予備役召集をかける必要もあったろうが、「総動員」でないことを強調する狙いもあったように思える。部分動員であることは、オーストリアが戦う相手はセルビアのみでロシアは想定していないことを示唆している。

この情報は、開戦後の動員をめぐる政治宣伝《プロパガンダ》を考えると興味深い。と言うのも、ロシアは、開戦後に発刊した外交文書集『オレンジブック』でオーストリアの「総動員」（下令三十一日、実施八月一日）を実際より三日早い二十八日として、ロシアに先んじたと捏造し、最初に全面戦争を仕掛けたと開戦責任をオーストリアに負わせようとしたからである。しかし、ロシアの主張はオーストリアの外交文書とは矛盾していたのである。

## 大戦化を察知した日本外交官

オーストリアの最後通牒発出後、事態は急展開を迎えるのであるが、日本にとっては遠いヨーロッパの問題である。日本外交の「感度」がこの段階で低かったとしても、無理からぬ話である。イギリスの内閣

図７　エドワード・グレイ外相
（アメリカ議会図書館所蔵）

でさえ、アイルランド問題にかかりっきりで、この一ヵ月弱でバルカン危機を閣議で取り上げたのは、七月二十四日の晩が最初だった。自由党アスキス内閣では大多数の閣僚は参戦に反対で、二十六日、エドワード・グレイ外相は独伊仏英四ヵ国による調停会議案を提案したがドイツに断られ、二十八日にはオーストリア＝セルビア戦争が始まってしまった。

　バルカンでの戦争は、日本に多大な影響を及ぼす問題ではなかったが、加藤外相には、主要国の大使などから次々と報告が寄せられていた。それらのソースは、赴任先の国の公報・新聞記事・外交サークルでの談話などを主としていたが、駐仏大使石井《いしい》菊次郎《きくじろう》の報告は質を異にしていた。石井は三十日午後七時半頃［仏］に加藤に電信を送り、フランスの外務省政務通商局次長との「内話」として、時局は切迫しており、「平和の望み殆ど絶え一般戦争到底避け難きが如し」と書き、委細は後から電報すると伝えた。詳細を伝える電報は翌日に発せられたが、それによると、石井は局次長から三十日午後六時［仏］に情報を聞き出し、ドイツが動員するからフランスも動員し、戦争は到底避けられないと伝えていた。石井が「第一次大戦を予測した最初の電報」を打ったと言われるのはこのためである。

ただ、こんにちの視点から局次長の「内話」を検討してみると、いくつかの疑問も湧く。たとえば、最初に、ドイツがいつものよう「反覆《はんぷく》常なき態度」（変心して裏切るなど定まらない態度）を取り、イギリスの四国調停会議提案（七月二十六日）に対して賛成を仄《ほの》めかしながら、その間、オーストリアに攻撃を準備させ、オーストリアが宣戦布告できるのを待って、イギリスの提案を拒否したと話にはある。しかし、イギリスの提案に対して、ドイツは二十七日夜に断りを入れており、またこの時期、ドイツとオーストリアは露仏が想像していたような連携はしていなかった。

また、ロシアはドイツの「此の態度を突止めて後」、一三、四個師団の動員（部分動員と解される）を決したとも「内話」にはあるが、この点は事実に反する。ロシアの大臣評議会が部分動員を決めツァーが了承したのは二十五日で、その後、ロシアは大規模な予備動員措置に動いた。駐露フランス大使は二十五日に、大使館駐在武官は翌日にそれを本国に伝え、英独の駐露大使もこの動きに気づいていた。ツァーは二十九日の夜中に部分動員、翌日に総動員令を下したが、ドイツの「態度を突止め」る前から動員の準備を始めていたのは確かである。流されたのは露仏に都合のよい情報だった。

ただ、この局次長は率直でもあり、フランスもドイツも動員の「準備は結了し」ているが、どちらも「開戦の責任を避くる為」に「先んじて動員令を発する」のを差し控えていると答えている。また、イギリスがどうするかについて石井が問い合わせたところ、局次長は躊躇しながらも、同盟関係にはないので露仏と一緒ということはないが、「利害は全然露仏と同一」であるので、ある時期になればある措置を執ることは疑わないとイギリス参戦を示唆していた。

イギリスが参戦するか否かは、同盟国日本にとってとりわけ重要だった。この頃グレイ外相は、二十九日に駐英ドイツ大使に対しては独仏戦となった場合はフランスの側に付くと伝え強く牽制していたが、駐英フランス大使に参戦の言質は与えていなかった。グレイは何とかオーストリア＝セルビア戦争に留めて、大戦へのエスカレーションを防ぎたかった。イギリスは、露仏とそれぞれ協商を結んでいたがこれらは軍事同盟でなく、フランスとは一九一二年に海軍協定を締結してはいたが、イギリスには条約上の参戦義務はなかった。また、グレイには参戦が内閣で了承されるかもわからなかった。二十九日の時点で閣内では依然として参戦反対が主流で、グレイの参戦論を支持したのはハーバート・アスキス首相、ウィンストン・チャーチル海相（正式には第一海軍卿であるが海相と呼ぶ）ら合計四名に留まっていた。グレイは八月一日の午前になっても対仏支援を仏大使に明言せず、大使を絶望的なまでにイラつかせた。そのような状況を考えると、石井大使に対する局次長の発言は、この時点では願望を反映した希望的観測であった。

## イギリスの参戦過程と日本外交

七月の終わり、井上勝之助《いのうえかつのすけ》駐英日本大使はグレイ外相に会おうとしていたが、グレイの方はそれどころでなかった。井上大使は、元老井上《いのうえ》馨《かおる》（長州藩出身）の兄の次男として生まれ、馨の養嗣子《ようしし》となった人物である。英国留学をしており英語力に優れ、しばしば英国紳士に擬せられたが、ニッシュ氏は、外相の「加藤のような強い性格の持ち主ではけっしてなかった」と評している。井上は、二十八日にはグレイの代わりにアーサー・ニコルソン外務次官に会った。この会談では、グレイの四国（英仏独伊）調停会議提案に対して、ドイツがやや難色を示しつつも賛否を明らかにしていないことなどが伝えられた。実際には前日の夜にドイツは断りを入れていた。イギリス参戦は話題になっていない。ニ

図８　井上勝之助駐英日本大使
（アメリカ議会図書館所蔵）

コルソンはそれ以前からグレイに、独仏戦の場合、フランス側にイギリスが付くと明言すべきと助言していたが、むろんそんな内部事情を井上に漏らすはずもなかったろう。

井上がやっとグレイに会えたのは、月が替わり、八月一日〔英〕のことだった。グレイは、イギリス政府がそれまで唯一の同盟相手の日本政府に何も通知していなかった理由として、態度が未定であることと、参戦する場合にはロシアと行動をともにするので、日英同盟に「影響する所大ならざるべきを信じ」たことを挙げたという。ちなみにイギリス側の資料では、グレイは「仏露側につく」と述べたとある。

このような発言はグレイ一流の言い逃れとも取れるが、態度未定というのは嘘ではない。グレイ、アスキス、チャーチルらの閣内の自由帝国主義者はフランスを支援しての参戦を模索していたが、閣員の多数を未だに説得できないでいた。

ロシア側に付くので日英同盟に大きな影響はないという主張は、見落とされがちだが重要なポイントを示している。これは裏を返せば日英同盟がロシアを仮想敵としていることを示唆している。グレイと外務省の一部は、ロシアをイギリスのアジア・中近東などの海外領土・植民地に対する最大の脅威と見ており、実際に、七月危機の前、グレイらは、ペルシャなどの海外植民地でロシアの圧力を感じ、英露協商の破棄も検討していた。実現していれば、ドイツとの関係も好転したであろう。また、イギリスにとっては英仏協商すらクラーク氏の表現を借りれば、何よりも「ロシアによる脅威を逸らすための手段」なのであった。

英露が潜在的な対立要因を抱えながらも協商関係にあったのは、帝国主義の時代には特別不思議なことではない。潜在的な敵国を同盟ないし協商で抱え込むことも外交戦略の一つである。たとえば日露協商も一九一七年の締結当時は、しきりに噂されていたロシアの満洲での復讐戦を抑止する効果を期待されていた。

続いて、グレイは、仮に参戦したとしても、ドイツは「青島《チンタオ》に小艦隊を有するに過ぎざる」に付き、東洋の平和が撹乱されることは少ないだろうとも伝えていた。本当にそう思っていたか、対日牽制の意味合いもあったかもしれない。

またグレイは、日本以外には同盟国はなく、どこの国も援助する義務を負っていないことを強調し、さらに露仏についても「露仏同盟の内容を知らざる」につき、イギリス政府は態度を慎重に考慮せざるを得ないと述べた。三国協商の一国の外相グレイが、露仏同盟の内容を知らないと発言しているのはいささか奇妙である。ただこの発言は、この日、八月一日午後のフランス大使との会談内容の文脈から見直すと理解できる。グレイは独仏が西部戦線で「睨み合う」ことを提案していたが、フランスがこの提案を利用しないならば、それはイギリスが参加しておらず、「我々が条項も知らない同盟にフランスが縛られているからだ」とフランス大使に不満を述べていた。井上に「内容を知らざる」といったのは、このような当時のグレイの見方、あるいは不満の延長上にあるものだろう。

グレイはこのとき、井上に、ドイツがベルギーの中立を侵犯するような事態があれば、参戦するかもしれないとも伝えた。この日、グレイはフランスがベルギーの中立を尊重することを確約したという連絡を受けていたので、ベルギーの中立侵犯を大義名分として対独参戦をする道が拓けてきていた。独軍は、シュリーフェン計画でベルギーを通過してフランス北部に攻め込むことになっていたが、そうすれば一八三一年締結のロンドン条約で保証されていたベルギーの中立を侵犯することになる。

八月一日は危機のなかでグレイの言動が揺れ動いた日だった。午前中に閣議があり、グレイは午後にフランス大使・ドイツ大使と会っている。グレイは井上大使に「欧州の形勢甚だ険悪なり」として、イギリス政府の態度が決まり次第、日本政府にも通知すると約束した。この頃のグレイをクラーク氏は「用心深くて言い抜けがうまい」と、フランス大使とのやり取りの文脈で描き、グレイのトレードマークは「魅力的なまでに煮え切らないジエントルマン風のスタイル」であるとも述べている。このような人物評は、それぞれの文脈で理解しなければならないが、この後の日英間の交渉でも当てはまりそうである。

八月一日時点で、イギリスは参戦を決定していなかった。チャーチル海相は閣議で、艦隊予備員の即時召集と海軍動員の完成を要求したが、要求は激論の上退けられていた。夕方過ぎ、チャーチルは外国電報の山に目を通し、「最後の瞬間にグレイが時局収拾に成功するのではないかと思えた」と告白している。しかし、楽観はすぐに消える。その後、チャーチルはドイツがロシアに宣戦したという電報に接し、首相官邸に急ぎ、アスキス首相から海軍の総動員について暗黙の了解を得て、その晩、海軍に総動員（陸軍と違い戦争を意味するほど重大ではない）を命じた。

しかし、この頃から、政策決定の中枢は外務大臣から内閣に移ってきたとクラーク氏は見ている。八月二日日曜日、閣議は朝から晩まで続いた。昼頃には閣僚の多くが辞任しそうだったとチャーチルは回顧しているが、流れは確実に変わっていた。アスキス首相は勝負に出た。保守党の参戦派の支持を得たことを示し、閣員が辞任して内閣が崩壊しても保守党との連立で参戦できることを示したのである。

午後二時まで続いた閣議で、独艦隊がフランスの海岸や船舶を攻撃する目的でイギリス海峡や北海を通過することをイギリス政府は許さないことが決まった。午後六時半からの閣議では、ドイツがベルギーの中立を侵犯した場合の「行動」が決められた。ドイツはベルギー通過の意思をイギリスに知らせていたので、これは事実上の参戦決定に等しかった。何人かは辞任したが、多数の閣僚の辞任には至らなかった。この閣議の内容の要点は三日には外務次官から井上大使にも伝えられた。

一方、ドイツは中立侵犯を十分承知していたので、八月二日に律儀にもベルギーに最後通牒を発して自由通行を認めるように迫った。これをクラーク氏は「破滅的な過ち」と称した。公式にケンカを売ったようなものだったからである。黙って軍事侵攻し、後から謝罪して賠償をすれば、事態は異なっていたかもしれない。

## 楽観的なドイツの対日観

この頃、ドイツは日本の動きをどのように見ていたのだろうか。ドイツ本国政府や陸軍上層部は、日本の対独参戦はまずないと考え、逆にこの機会に日本にできる限りの利益供与を約束して対露参戦をさせるという方策も提案されていた。かなり楽観的である。

ドイツ外相は、八月一日昼過ぎ［独］に駐日大使アルトゥア・フォン・レックスに電報を発した。電文はアルトゥア・ツィンマーマン外務次官が起草したようである。ツィンマーマンは後に外相になり、一九一七年に日本やメキシコに対米参戦を促した陰謀事件、いわゆるツィンマーマン電報事件で名を馳せる人物である。またレーニンを封印列車でペトログラードに送り込み、結果的にロシア革命を惹起したことでも知られる。実はツィンマーマンは引退予定のレックス大使の後任として、駐日大使に任命される予定であったが、レックス大使引退の情報が新聞に漏れたことにより交替が遅れたといわれる。後で見るように、そのレックスによる発言は日本の対独参戦過程で利用されることになる。

レックス宛の電文では、ロシアの陸海の総動員が決まり対露戦は事実上不可避となり、ドイツ政府は「日本政府が事態の非常な重要性を正確に評価し、日本にとって適切な結論を出すことができると確信」しており、大使にはそのような方針に沿って日本の中立に関して意見を伝えて、日本の意図を探るように指示していた。

また、二日［独］の午後、モルトケ参謀総長は外務省に各国ごとの軍事・政治的な提案をしたが、日本に関しては次のように提案していた。

日本が、現下の極東における様々な渇望を満たすこの好ましい機会を利用するよう促すべきである。それも、できれば、ヨーロッパの戦争に釘付けになっているロシアに対して新たに戦争を始めることによるのが望ましい。

日本が信じるように、ドイツの協力によって日本はそのような願望を達成できるし、それを日本に約束しなければならない。我々はこの方向で、日本が我々に望むものを何でも日本に約束することができる。

極東における日本の野望を利用して、ドイツが協力と見返りを約束して日本をロシアとの戦争に駆り立てるという考えである。日本が敵になるとは想定していない、楽観的な提案であった。ただ、この八月初めの段階では、イギリスにとってそうであったようにドイツにとっても、極東の事態は二の次である。

日本の意向を探るように指示されたレックス大使は、三日の昼頃に加藤外相と面談した。両者の報告が残っている。レックスによれば、加藤は「ロシアとの関係を大変友好的」と見ており、ロシアに「煩わされるとは予期していない」と答えたという。またヨーロッパ戦争に対する日本の態度について聞くと、「できる限り長く中立に留まりたいと望んでいる」が、「日本の最終的な決定は、当然、イギリスにかかって」おり、「イギリスが東アジアやインドでの支援を要請した場合には、日本は加わらざるを得ないだろう」とも述べたという。さらに加藤は、「公海での衝突が日本の参戦をもたらすことはないだろう」が、イギリスの領土、たとえば香港が攻撃されるような場合には日本の参戦は容易に起こり得るかもしれないと付け加え、また、戦争がヨーロッパに限局されるならば、日本はおそらく中立を維持するだろうとも述べたという。最後にレックスは、「明らかにロシアは譲歩により、日本を平和な状態に留めておこうと執拗に奮闘している」と報告した。このレックスの電報は重視され、カイザーにも回覧された。実際にはロシアは日本に対して中立ではなく、対独参戦を望んでいた。

加藤外相の方の記録も、大筋でレックスのまとめのようなことを記していたが、レックス大使のまとめにありながら、加藤が日本側の記録に残していないことが二点あった。一つは日露関係について尋ねられて、良好と答えたことである。親露派とはいえない加藤は、国内向けにそういう発言を残したくなかったのかもしれない。

もう一つ見受けられないのは「公海での衝突」では日本は参戦しないという発言である。「公海での衝突」とは、英独の艦隊が極東の近海で交戦するような事態を指すと思われるが、加藤はこの後、イギリスに対して曖昧な中間的事例（イギリス商船の拿捕《だほ》のような事例）でも日英同盟適用の協議事項とすることを要請する。「公海での衝突」は、仮に起これば商船拿捕よりもはるかに深刻な問題であり、同盟適用の理由になりうる。加藤は本当にそれでも参戦しないと発言したのだろうか。

小池氏の研究によれば、レックスの報告を受けて、ドイツ外相は、敵国（ロシアなど）と同条件であれば東アジア海域における中立化に同意する考えであることを日本側に申し入れるようレックスに指示したが、それは十日付けで遅すぎた。

## ドイツでの「日本対露参戦の風説」

八月一日午後、ドイツはロシアに対して宣戦を布告し、午後七時に総動員令を発した。その翌日の八月二日［独］頃から、後から考えると奇妙な風説「日本の対露参戦説」がドイツ国内で流布し始めた。日本がロシアに対して宣戦布告し、ロシアをその背後（極東）から攻撃するというのである。対露戦でナショナリズムが高揚していたドイツ国民はこれを信じ、現地の日本人は胴上げされたり、食事を奢られたりと歓待された。

二日の夕方、ベルリンの日本大使館前には何千人もの群衆が押し寄せ日本に対して「万歳」を連呼し、船越光之丞《ふなこしみつのじょう》代理大使はバルコニーで拍手を受けたという。奈良岡聰智氏は、船越の回顧録を基に、この「日本熱」の原因として、日露戦争の影響でロシアが日本の敵のままでいると思いこみ敵ロシアの敵日本は味方と考えたこと、ドイツの新聞が日本を味方と報道したこと、文化的にドイツに負うところが多く情宜に厚い日本人はドイツに恩返しすると想像したこと、一人でも味方が多くいて欲しいという自己暗示などを挙げている。先に述べたように、ドイツ外交・軍関係にも日本は味方になり得るという希望的楽観論があった。

一般民衆にまで風説が流布したのは、ドイツの新聞における報道で日本がロシアを攻撃する可能性が示唆されたためであろう。一面で大きく「総動員」を報じた八月二日付けの『フライブルク新聞』では、二面で「大隈伯、ロシアにとってのヨーロッパ戦争の危険について」という記事を掲載した。そこでは、大隈重信《おおくましげのぶ》首相の主張が示唆していることとして「ロシアがヨーロッパで戦争に巻き込まれた場合、ロシアは日本によって非常に軍事的に望ましくない状況に置かれるであろう」という解釈が披歴されていた。読みようによっては、日本がこの機会に背後からロシアを攻撃するかのようである。似たような報道は他にもあった。

独参謀本部も日本の対露攻撃の風説に注目し、二日にはモルトケ参謀総長の特使が日本大使館にその真偽を質《ただ》しにきた。船越は確認できないと答えた。日本の対独参戦でこの「日本熱」はドイツ国民のぬか喜びに終わり、激しい対日憎悪へと変わる。

### 警戒心を強めていた中国

中国（中華民国。この頃は外交上は支那共和国の名称を日本政府は用いていたが中国に統一する）では、大総統の袁世凱《えんせいがい》が動き始めていた。ドイツ外務省に四日昼過ぎ［独］に届いた電信によると、駐中国ドイツ代理公使マルツァンは袁から、列強諸国に三ヵ所の租借地、膠州湾《こうしゅうわん》（独）・威海衛《いかいえい》（英）・広州湾《こうしゅうわん》（仏）の中立化を求める意向を内密に知らされ、さらに中国外務省の要人からドイツの見解を尋ねられたという。マルツァンは、関係するすべての列強が同意し、中立化の有効な執行に保証を与えるのであれば、ドイツは袁の提案を前向きに考慮するだろうと回答したという。袁の租借地中立化構想は、ヨーロッパの戦火が中国大陸に波及することを防止する意図と、膠州湾への日本の進出を警戒したためと思われる。この話がヨーロッパ列強と中国の間ですぐにまとまっていれば、その後に日本が膠州湾獲得を目指すことはできず、青島の戦いもなかったろう。

袁は八月六日、中国全土にわたる局外中立条規を発布して、中国領土・領海内での交戦国による戦闘行為を禁じた。中国は一九一七年に連合国側に付いて参戦するが、このときは中立の立場を取ることにした。

中国と同じようにアメリカも、当初は中立の立場を取った（そして同じように、一九一七年に連合国側に付いて参戦する）。一九一四年八月四日、大戦の勃発に衝撃を受けたウッドロウ・ウィルソン大統領は、ヨーロッパの主要国に調停の意向を伝えたが、何の効果もなかった。さらに大統領は個人的な悲劇に見舞われる。八月六日、長年連れ添った妻が闘病の末、死去したのである。良き理解者・助言者であり、ウィルソンが他の婦人にのぼせ上っても許すような女性だった。大統領はしばらく憔悴したが、八月十八日に公式にアメリカの中立を表明した。

ヨーロッパでは、イギリス・フランス・ロシアがドイツ・オーストリアと戦い、それぞれ極東の問題に深入りする余裕はない。中国にとって日本の「野心」を抑制するのに頼りになりそうな「中立国」は、アメリカだけとなる。後に見るように中国は、失敗に終わるが、アメリカに接近し無理な働きかけをしたりする。

# 日本の参戦決定

イギリスの参戦が確実になるなかで、加藤高明外相は対独参戦を強力に推し進めた。次にはその過程を検討するが、その前に加藤の経歴・人物像などを見ておこう。

## 外相加藤高明

加藤高明は一八六〇年（安政七）一月に尾張に生まれた。たいへんな秀才であり、東京帝国大学を卒業後、三菱《みつびし》に入社し、イギリス遊学などを経て、八六年、三菱財閥の創設者岩崎弥太郎《いわさきやたろう》（結婚時には亡くなっていた）の長女と結婚した。加藤は八七年に外務省に入省し、大隈重信外相の秘書を務めたりした。大隈が遭難する事件が起きた後、大蔵省に移るなどしたが、九四年駐英特命全権公使として外交舞台に躍り出る。一九〇〇年には外相に就任し、日英同盟交渉を推進した。この頃の加藤外交の特徴は、日英提携・対露強硬であ

図9　加藤高明（アメリカ議会図書館所蔵）

る。外相を辞した後であったが、日英同盟締結は加藤外交の成果の一つとされる。その後、短期であるが二度外相に就任し、また駐英大使なども務めた。駐英大使時代には日英通商航海条約締結、日英同盟改定協約締結（第三回日英同盟）などの功績を上げた。このときのイギリスの外相はグレイであり、お互いに相手をよく知る間柄であり、加藤は大使として、日本の満洲権益の延長問題についてグレイの理解を得ていたという。ただ、グレイの残した記録では、この点は慎重にはぐらかされている。

加藤は政党政治家にもなった。一九〇二年に衆議院議員となり、政界に進出し、一二年には桂《かつら》太郎《たろう》とともに立憲同志会（後の憲政会）を結成し、桂が死去すると同会の総裁になった。そうして、一四年四月の第二次大隈内閣成立とともに四度目の外相就任を果たし、第一次世界大戦を迎えたのである。

加藤は独立心旺盛で、しばしば強引で非妥協的なこともある強い性格の持ち主であった。この点には、研究者には異存がないようである。そのような性格は、この時期の帝国主義外交と絶妙な親和性を持っていた。加藤外交は、対独参戦とその後の対華二十一ヵ条要求も含めて、しばしば帝国主義外交の典型と称される。

帝国主義外交の特徴は、一つは武力による威圧である。武力行使のハードルが現代とは比べ物にならないくらい低かったこの時代には、軍事力が外交力の源泉であった。軍事的な裏付けがあって初めて、外交が有効に機能するのである。ただ一方で列強間の帝国主義外交の特徴は、軍事的威嚇も含む相互牽制であった。一列強の突出した行動はその他の列強の牽制を生み、様々な相互の反応の末に何らかの新たな均衡が生まれ、多くの場合は平和が保たれた。また帝国主義列強は、弱小国に対してはしばしばパターナリスティク（父親温情主義的）に振る舞った。「保護」や「親善」を大義名分として、ほとんど相手国の独立を蔑《ないがし》ろにするような行動を平気でとったのである。偽善的と言ってしまえばそれまでだが、未開・半開の国家や民族は列強に導かれる存在であった。そのような帝国主義外交に加藤は習熟していたのである。

この頃、帝国主義と呼ばれる対外拡張運動は、多少の批判はあったものの、イギリスでもドイツでも国民の大多数の支持を得ていた。日本でも同様と言えよう。

## 日英間の微妙な齟齬

日英間の動きに戻ると、八月三日、加藤外相はイギリスのウィリアム・コニンガム・グリーン駐日大使と会談した。グリーンは前年一九一三年三月に日本に赴任した。それまでに東アジアでの勤務経験はなかった。ニッシュ氏の評によれば、「如才なく、思いやりがあり、勤勉な」人物であったが、前任者マクドナルド大使よりは日本人に対して懐疑的で、「一九一九年までには非常に反日的になっていた」という。ただこの時期のグリーンは、加藤の主張に一定の理解を示し、任地と本国の間の橋渡し的存在であったように見える。

会談でグリーンは先に紹介した八月一日〔英〕のグレイと井上大使との会談要旨を提出し、日英同盟協約を発動しないことを確認した。加藤はイギリスの態度が確定するのを待って日本も態度を決めたいとして、中立宣言などをしていないと伝えた。興味深いことに加藤は、万が一日英同盟の適用を要する場合には「英国政府の請求を待って」、必要な手段を執ることに躊躇しないとも伝えている。日英同盟適用の場合の参戦を、早々と保証したのである。加藤はすでにこの段階で参戦に前のめりであった。

二日にベルギーはイギリスの支援を求めないとグレイに伝えていたが、ドイツから自由通行を求める最後通牒を受けると、断固拒否することを決めて、三日〔英〕朝にイギリスに知らせた。実はベルギーは軍事支援を明確に求めてはいなかったが、知らせを受けて、アスキス内閣の大多数の閣僚は戦争は避けられないと考え、閣議は陸・海の総動員を承認した。グレイは午後三時に英国議会の庶民院で歴史に残る演説をし、夕刻、「ヨーロッパ中の灯りが消えてゆく」と嘆いたとされる。もっともグレイ自身は、史上もっとも人口に膾炙したこの発言を思い出せないと、後の回顧録で書いている。イギリスは翌四日の朝、ベルギーへの侵入を停止するようドイツに要求する最後通牒を発した。

一方、日本では加藤が、四日午前の臨時閣議において日英同盟による参戦について閣員の合意を得ようとしていた。その最中に加藤は、グリーン大使宛にグレイが三日午後五時少し前［英］に発した電文をグリーンから送付された。そこには「今やドイツとの戦争が起こりうる」ので、「戦闘が極東に拡大し、香港と威海衛に対する攻撃がなされたとしたら」英国政府は「日本政府の援助を当てにするだろう」とあった。この頃の状況を考えると対独戦が「起こりうる」というのは控え目である。加藤は閣議で参戦に「閣僚一同の同意」を得たとい

図10　ウィリアム・コニンガム・グリーン駐日イギリス大使（アメリカ議会図書館所蔵）

うが、ここでの合意は日英同盟に基づく参戦であったという。後に取り上げる、参戦に含みを持たせた日本政府の中立に関する声明もこのときに決められた。

グレイは事前に極東担当の外務次官補ウォルター・ラングレイに、日英同盟協約に基づき日本政府に何か依頼することはあるか検討させていた。ラングレイは検討結果を覚書（三日付け［英］。署名は別人物）に認《したた》めた。その覚書では、対独戦では香港もしくは威海衛が攻撃される可能性があり、その場合、イギリスは日本の支援を当てにすべきであるので、日本に注意（警告）しておいた方がよいだろうとしていた。最後にはこうある。「日本がこの可能性にとても敏感であることは疑いない。しかし、おそらく同盟協約第一条に従って、我々は彼らと連絡を取り合うべきである」と。第一条とは、同盟協約に謳った権利・利益に危機が迫った場合に両国は相互に十分かつ遠慮なく通告し、執るべき措置を協同に考量するという条項である。グレイは覚書の内容に同意したが、注意すべきことは、この時点でグレイは東アジア政策は部下に任せていたことである。

加藤は、四日の午後［日］、閣議後にグリーンに会い、前日の会談でグリーンが、日英同盟適用の時期・手段について日本政府が「英国政府の決定に待つものの如く了解せる模様」と誤解したのでないかと主張した。加藤は、英国政府主導で事態が進む恐れがあることを懸念していた。加藤は、香港・威海衛の攻撃や、それに類似する場合には、「直ちに且殆ど自動的に同盟条約の適用」となるのは言うまでもないと強調した。「直ちに且殆ど自動的に」という見解は、協同の考慮を無視するような言い方で加藤の強引さが窺える。

さらに加藤は、公海でイギリス船舶が拿捕《だほ》されるような、他の様々な事例（曖昧事例）については、同盟適用となるか日本政府に協議するようにして欲しいと伝えた。グリーン大使は了解した。加藤としては同盟条約の適用範囲の解釈の幅を広げ、同盟による参戦の機会を拡げようとしたと見るべきであろう。また加藤は大使に、日本海軍の準備状況に関する極秘情報を伝えた。加藤は積極的であった。

グリーンは、この会談の内容を、四日の夕方［日］にグレイ宛に伝えた。時差の関係もあって電報はその日のうちにイギリスに届いた。グリーンは、加藤が主張した曖昧事例の協議要請を伝えたが、同盟適用については、日本政府は英国政府に「すべて任せ」ており、「求められれば」という条件に変わりはないと相変わらず伝えていた。

## 中立に関する声明とイギリス参戦

八月四日、日本外務省は公示で中立に関する声明を発した。一般には日本政府は中立を宣言したと書かれることもあるが、斎藤氏や奈良岡氏が指摘しているように、これは公式の中立宣言と言えるものではなかった。実際には「帝国政府［日本政府］は厳正中立の態度を確守し得べきことを期待するものなり」と、中立の立場を守れることを期待するという微妙な表現であった。

また、イギリスが参戦し（まだイギリスはぎりぎり参戦していない）、日英同盟の目的が「危殆《きたい》」に瀕する場合には、義務として必要措置を執ることもあると、参戦に含みを持たせた。ここでの日英同盟の目的とは、東アジアおよびインドにおける「全局の平和を確保すること」であり、その地域の日英の「領土権を保持」し、両国の「特殊利益を防護すること」であった。

加藤外相は、三日から四日に英露仏の駐日大使にこの声明の内容を伝えた。また、外務次官も新聞報道で、これがステイトメント（声明）であると説明した。イギリス参戦後、加藤が福島安正《ふくしまやすまさ》関東都督らに送った電報では、日英同盟が危殆に瀕しない限りは現在の通り「局外中立を厳守する方針」であるが、「今後形勢の推移を慮《おもんぱか》り政府は中立の宣言をなさざる次第なり」（傍点筆者）と伝えていた。加藤は意図的に中立宣言を見送ったのであり、日本は公式の中立宣言はしなかったと考えるべきであろう。

この中立声明は、イギリスの対独参戦直前という絶妙なタイミングで発せられた。イギリスの参戦前であるからこそ、中立の立場を守れることを期待するという表現が生きてくる。日英同盟に基づく参戦に含みを持たせたこの声明には、加藤の巧みさが窺える。

この四日［英］、イギリスではグレイ外相が井上大使に面談を求めた。井上大使の電報によると、外相は日本政府の援助申し出に深い謝意を示しながら、日本の動きに釘を刺すことも忘れなかった。グレイは「英国は日本国の援助を求むる必要に迫らるることは多分之れなかるべく」と述べ、「日本国を今回の戦争に引き入るることは英国政府の避けんとする所なり」と明言した。グレイはここで日露戦争中、フランスが露艦隊（バルチック艦隊）に援助を与えたので、日本もイギリスに援助を求めることができたのにもかかわらず、そのようにしなかった「寛大なる精神を酌み英国政府も亦《また》努めて日本国に累を及ぼすことを避くる考えなる旨」を伝えたという。なかなか巧みな理由付けで、言い抜けがうまいとも評されるグレイの性格が垣間見える。イギリスが支援要請をすることはたぶんないというのは、加藤にとっては足元を掬《すく》われかねない話である。

### 日本参戦を望むロシア

ロシアはイギリスが日本の対独参戦に消極的な姿勢を取っていることを聞きつけ、まずいと思ったのであろう。四日、ロシア外相サゾーノフは駐露イギリス大使に会って、日本に支援要請をしないとすれば「大いなる過ちである」と伝えた。その理由は、日本が軽視されていると見なすかもしれず、せっかく日本が好意的であるのにやる気を削ぐべきでないということだった。サゾーノフは日本の力を評価し、日本は「ドイツの通商に打撃を与えることができ、それにより価値ある奉仕を我々に与えることができる」と述べた。ただ、グレイは駐露大使に、日英間の交渉内容をロシア外相に伝えてもよいと指示するに留めた。

ロシアが積極的に日本参戦をイギリスに促したのは、一つには現実的に東アジアで独海軍の脅威に直面していたこともあったろう。上海を出て、長崎経由でウラジオストクに向かっていたロシアの義勇艦隊貨客船リヤザンは、八月四日、ドイツの軽巡洋艦エムデンに対馬《つしま》近くの日本の領海外（領海内という日本の新聞報道もある）で拿捕されていた。前に見たようにエムデンは七月三十一日に青島を出て、日本海に向けて出動していた。拿捕されたリヤザンは排水量三五〇〇トンと仮装巡洋艦に適した大きさ（エムデンに近い）であったため青島に送られ、仮装巡洋艦に改装され、旧式艦や砲艦の独海軍兵が乗り組んで、八月中旬に出撃することになる。これは大戦でロシア船が拿捕された最初の事例とされる。仮装巡洋艦は、通常は軍艦ではない商船や客船が、戦時に火砲などの武器を装備して軍艦の役割を果たすものである。武装商船・武装商船巡洋艦、あるいはドイツのように補助巡洋艦と呼ぶ場合もある（本書ではあえて用語の統一はしない）。ロシアにはこのように差し迫った脅威があったのである。

ただもっと幅広い観点から見れば、日本が対独参戦をして旗幟を鮮明にすれば、ロシアは極東の日本軍を気にせずに対独戦に集中できる。そのメリットは非常に大きい。

この後、十日にロシアは日英同盟への参加を申し出た。フランスも八月四日・七日に加盟を申し出ていたので、日英同盟は四ヵ国同盟に発展する可能性を孕《はら》んでいた。千葉氏の研究によれば、元老では井上が大賛成で、閣内でも尾崎行雄《おざきゆきお》司法相が同調したという。一方で加藤は、日英同盟の効力や実効性を低下させると反対だった。イギリスも日英仏露の四ヵ国同盟には積極的ではなく、その点ではグレイと加藤は意見と利害が一致していた。その後、露仏は日本陸軍の欧州方面への派兵を何度も打診してきたので、四ヵ国同盟はその布石であったと考えられる。締結されていたら欧州派兵の道が開け、陸軍は泥沼の戦いに巻き込まれたかもしれない。あまり強調されることはないが、加藤は大きな危険の芽を未然に摘んだのである。

四ヵ国同盟案は翌一九一五年一月にも蒸し返されたが、露仏に対してグレイも加藤も同調しなかった。後に、一六年七月に日露同盟（第四回日露協約）を結び、日本はロシアと同盟関係に入るが、それは加藤が辞任した後で、派兵はせず武器・弾薬の援助にとどめた。

## イギリス参戦

ベルギーからの撤退を要求するイギリスの最後通牒をドイツは黙殺し、英独は交戦状態に入った。イギリスの対独参戦の日時は、正式には、最後通牒の期限切れのイギリス時間四日の午後十一時で、ドイツ時間では五日午前〇時、日本時間では五日の午前八時である。

先制攻撃の誘惑にかられていたチャーチル海相は、この時刻を待つ間、気が気でなかった。彼は海軍本部でじりじりとその時を待ち、こう振り返っている。「夜の十一時――ドイツ時間の十二時――となった。かくてわが最後通牒の期限は満了した。（中略）『ドイツに対し敵対行動を開始せよ』という意味の開戦電報が、世界中の英国海軍旗の下にある全艦船とその兵員達へ打電された」。

グレイ外相は先の約束通り、日本側にただちに開戦を伝えた。見切り発車的に最後通牒期限切れ二〇分前の四日午後十時四十分［英］に、グリーン大使に「戦争、ドイツ」と打電した。五日［日］、その電報を携えてグリーン大使は加藤外相に会い、対独開戦を伝えた。加藤はそれをすぐに大正天皇・各大臣・元老・陸軍参謀本部・海軍軍令部に知らせた。

## イギリスのジレンマ

この頃のグレイの方針は、ドイツが香港・威海衛を攻撃しない限りは日英同盟の適用はなく、日本の参戦はない、少なくともイギリスから日本に参戦の口実（ケイサス・ベライ Casus Belli）を与えることはないというものだったといえよう。

ロウ氏やニッシュ氏の研究によれば、対独参戦が決まってから極東政策でイギリス外務省はジレンマに直面していた。日本に行動の自由を与えることは望ましくないが、一方でイギリスの通商上の利益が脅威に晒《さら》されており、それを守るためには日本の海軍力は必要であった。このことを端的に表わしているのは、極東部長ベイルビー・オールストンの五日付け［英］の覚書である。オールストンは「この危機に乗じて日本が、極東で卓越した保護的な外国勢力としての役割を果たす機会を得ることは、当然のことと見なされるかもしれない。そして、日本がこの機会を利用するかもしれないとしても、我々は事情が許す限り、指導的役割を保持するよう努めるべきである」と書いた。一方で、この海域での英独海軍力はほぼ拮抗しており、イギリスの通商に対する深刻な損害を避けるには日本海軍に支援を要請するしかないとも論じていた。

同じ五日にラングレイは、極東での英海軍の立場は日本の支援に依存しているので、海軍本部にも相談すべきであると上申した。グレイは了承し、オールストンが六日に海軍本部を訪れ、諸々の覚書を携えて戻ってきた。海軍本部の意見も、日本が中国における影響力を強めることを許すのは望ましくなく、膠州湾に対する日本の攻撃は避けられるべきというものだったが、同時にイギリスの通商を守るために日本の支援は必要だとしていた。

通商に従事するイギリス商船は独海軍の脅威に晒されていた。極東における英独の海軍力は、ひいき目に見ても拮抗しており、おまけにシュペー戦隊の行方はわからなかった。五日［英］の時点で海軍本部は「パニックに近い状態」にあったという。また、帝国防衛委員会小委員会は中国のドイツ港湾と無線基地を獲得すべきと提言し、閣議で合意されていた。海軍本部が当てにできるのは、この海域では圧倒的な日本の海軍力だけである。青島の封鎖、イギリスの太平洋におけるシーレーンの確保、独東洋戦隊の狩り出しを同時にするには、日本海軍の協力を得ることが望ましい。一方で、日本の自由行動は抑制しなければならない。このジレンマをある程度解消できるのが、ドイツ武装商船（仮装巡洋艦）の捜索と撃破のみを日本に依頼するという案だった。グレイはチャーチル海相並びに海軍軍令部長と討議をした上で、日本にそう依頼することとした。グレイは五日から六日にかけて、これまでの慎重姿勢を変えざるを得なくなった。

五日［英］、グレイはグリーン宛に打電し、チャーチル海相の日本の支援準備に感謝するメッセージの伝達を指示した。協力要請の地ならしをしたのである。

### イギリスの限定的な参戦依頼

六日午後六時二十五分［英］、グレイは自ら草案を練った電報をグリーンへ送った。後の政府覚書とほぼ同じ内容で、イギリス商船を攻撃しようとしているドイツ武装商船を日本が捜索・撃破することを依頼する内容であった。ドイツ武装商船によるイギリス商船への攻撃は結果的にはなかったが、起こり得ることであった。

七日の夕刻［日］、グリーン大使は外務省を訪れ、加藤外相に緊急電によるイギリス政府の覚書を手交した。この至急と書かれた覚書でイギリス政府は、中国近海におけるドイツ船を英軍艦が発見するには多少時間がかかりそうなので、「日本海軍艦隊が、もし可能ならば、我が国の通商を攻撃しようとしているドイツの武装商船巡洋艦を狩り出し撃破することは、最重要である」と伝えた。そのため日本に軍艦を何隻か使ってもらうことは、イギリス政府にとって非常に好都合で、「このことはむろん、ドイツに対する戦争行為を意味するが、我々の意見ではこれは避けがたい」と結んでいた。なお井上大使も同じ趣旨の公文をグレイから入手して転送していたが、そこでは「英海軍軍艦は中国近海で独海軍軍艦を捜し出し、交戦しようとしている」とより具体的な状況を伝えていた。

参戦の機会を窺っていた加藤には願ってもない申し出で、加藤は十分考慮した上で、イギリス政府の満足が得られるように尽力し回答すると約束したが、同時に日本の役割をドイツ武装商船の捜索と撃破のみに限定することには難色を示した。グリーン大使は早く回答が欲しいと急かした。加藤がイギリス商船が実際に脅威を受けているのか訊くと、自分は知らないが、このような訓電があるのだからきっと事実ではないかと大使は答えた。

グリーンがグレイに伝えたこのときの会談内容によると、加藤はかなり前のめりな発言をしていた。イギリス外交文書によれば、加藤は「問題を片づける最速の方法は、青島攻撃であると思う」と述べ、グリーンは「そうであるかないかの最良の判断者は日本政府であろう」と前向きに返答した。加藤は大使に、イギリス政府の望みを満たすために閣員に働きかけることを請けあい、「いずれにしろ、これはドイツとの戦争を意味する。宣戦布告は必要でないかもしれないが」とも述べていた。グリーン大使から要請を受けて、加藤はこの機会に「青島攻撃」にまで言及し、その判断を日本政府に任せるかのような言質を大使から得ていたのである。さらに宣戦布告抜きの攻撃も匂わせていた。

**対独参戦を決めた閣議**

加藤は大使との夕刻の面会後、すぐに大隈首相と相談し、対独参戦をするが、イギリスの意向とは異なり日本の役割は武装商船の捜索・撃破に限定されないことと、「参戦理由を立派に具備するよう」イギリス側とさらに交渉することを決めた。この七日、夜十時から早稲田《わせだ》の大隈邸で始まった閣議は、日付けを跨《また》ぎ八日の深夜二時までに及んだ。

この閣議で加藤は、イギリスの武装商船捜索・撃破依頼だけでは不十分として、依頼範囲を超える、ドイツの膠州湾租借地に対する攻撃も含む積極参戦を主張し、大隈もこれを支持した。一九二九年に出版された伊藤正憲『加藤公明』（以下、加藤伝）では、この閣議で、ある閣僚が参戦に懸念を示したと記している。加藤伝に実名はないが、一木喜徳郎《いっききとくろう》文相である。一木は、イギリスがドイツによるベルギーの中立侵犯を理由に参戦したことを念頭に置いて、青島攻撃が中国の中立を侵害するのではないかと懸念した。これに対して加藤は憤りながら「そんな心配は絶対に無用だ」と押し返したという。ドイツの場合は、条約義務をプロイセンから継承した当事国による条約違反である。中国はすでに戦時の局外中立条規を発布していたが、中国に主権はあるが実質的にドイツ領といえる租借地に対する攻撃は、ベルギーの中立侵犯と比べると特質も重みも異なっていた。

また、加藤伝によれば、この閣議で加藤は「日本は今日、同盟条約の義務に依って参戦せねばならぬ立場には居ない。条文の規定が日本の参戦を命令するような事態は、今日の所では未だ発生しては居ない」と断った上で、一つに「英国からの依頼に基づく同盟の情誼《じょうぎ》」、二つにはドイツの根拠地を東洋から一掃し、「国際上に一段と地位を高めるの利益」から参戦断行が良策と主張したという。また閣議では、「同盟に依る義戦であると同時に遼東《りょうとう》還付に対する復讐戦でもある」として、「参戦の合理的なることを是認した」という。遼東還付とは、先に述べたドイツも加わった三国干渉で日本が遼東半島を還付した件である。なお加藤伝は加藤を必要以上に称揚しており、歴史的資料として鵜呑みにするには危険があると指摘されており、また当時の文献的制約もあり、ディテールには錯誤もある。ただし、もう一冊の加藤伝の著者櫻井氏が「おおむね誤ってはいない、優れた伝記である」と評しているように、問題点も考慮した上で引用・参照したい。

ところで平間氏の研究によれば、この閣議で若槻礼次郎《わかつきれいじろう》蔵相は財政上の理由で当初、参戦に反対したという。日露戦争時の外債の返済負担で、日本の財政は火の車であった。しかし、最終的には「ドイツが日本まで攻めてくることも、日本がドイツに敗北することもないと考えて賛成」に転じたという。日独戦争と言っても、日独の全面対決ではなく、陸上戦闘は極東に限られ負ける恐れがない戦争であった。このことは、参戦を推し進める大きな心理的な動因となったと思われる。

また、斎藤氏の研究によれば、閣僚全員が参戦を支持した後の議論で、尾崎司法相が、「日英同盟の誼《よしみ》」のみを理由として一刻も早く参戦するよう主張したという。尾崎は英仏露側の勝利を信じており、独陸軍を師としてきた日本陸軍内で親独的な意見が増すことを懸念したという。近年の尾崎のイメージは「国際平和主義者」であるとも聞くが、この頃は対外強硬派であった。ただ、さすがに加藤は、イギリスの依頼範囲を超えることから、他にも参戦の名目が必要であると反対した。この閣議では三日後の十一日に対独宣戦布告をすることが決まった（後に撤回される）。

ところでイギリスの覚書（七日手交）は、「ドイツに対する戦争行為」を「避けがたい」としており、これは日本の対独参戦の容認であり対独参戦依頼と解してよいだろう。ただし、そうは言っても、シュペー戦隊本隊の捜索・撃破までには文言上は踏み込んでいない。実際に戦隊に遭遇すれば海戦となったであろうが、イギリス政府は日本の軍事行動を海上行動に限定した上で、その役割にも武装商船巡洋艦の捜索・撃破という限定を加え、日本の軍事行動を抑制しようとしていた。また、この依頼は香港などが攻撃を受けた場合のような同盟義務適用とは一線を画しており、覚書も同盟には一言も触れていなかった。

加藤はイギリス側の求めでは「開戦理由としては十分でない」とし、イギリス政府が「該協約［日英同盟のこと］に基づき日本政府の援助を求めたるにより」、日本政府は熟慮の末、対独開戦を決定したという内容の「対独開戦の理由声明案」を用意し、グリーンに本国政府への照会を依頼した。声明案は加藤が大正天皇への伏奏《ふくそう》のため日光《にっこう》に向かったため、代わりに松井慶四郎《まついけいしろう》外務次官がグリーンに手交した。

先の七日から八日の閣議で、加藤は同盟義務の正式適用ではなく、「同盟の情誼」により参戦すると説明していたが、一方で「対独開戦の理由声明案」で同盟に基づく参戦をイギリスに打診していた。同盟の正式適用が望ましいが、それがなくとも参戦できるよう「同盟の情誼」を持ち出し、二段構えで対処していたといえそうである。

## 参戦の最終決定

加藤外相は八日早朝五時半に上野《うえの》駅を出て、大正天皇に参戦決定を伏奏すべく日光田母沢《たもざわ》御用邸に赴いた。加藤は了解を得られるつもりでいたらしいが、天皇は服喪中でよく協議せよということで、帰朝して元老を含めて再度閣議を開くことになった。このまま裁可されていれば、日清・日露戦争と異なり、元老の了解なしに重要な参戦決定がなされるところであったともいうが、新聞報道ではこの日の朝から各元老は参集し始めていたので、いずれにしろ元老の了解を得る話にはなっていたのであろう。

大隈内閣は、シーメンス事件で退陣した山本権兵衛《やまもとごんべえ》内閣を受けて一九一四年四月に成立した。当時は天皇の指名を受けた元老が、意見を出し合って首相候補を推挙するのが慣例であった。山本首相の退陣で、有力元老の山県有朋《やまがたありとも》は別の人物を推したが、うまくいかなかった。大隈は、二度目の首相就任と組閣に意欲を示していた。伊藤氏によれば、藩閥政治を批判し、表面上は元老政治の打破を主張していた大隈も、組閣に元老の支持が必要であることは十分承知しており、元老の井上馨との会見で元老と連携しての政治を強く促されても反発しなかった。この時、大隈は、断られることを承知で後継と考える加藤の組閣も提案し、拒否されたという。かくして大隈は元老の推挙を得て、組閣した。

いささか問題含みだったのが、その加藤の四度目になる外相就任だった。加藤は軍部や元老の外交への介入を嫌い、外務省への外交一元化を理想としていた。就任後、彼は慣例であった元老への機密文書の回覧を廃止し、元老の反発を受けた。元老のなかでは、とくに山県と反りが合わなかった。

日光から戻った加藤は、午後六時、元老を含めた「重要閣議」（拡大閣議）に参加した。当時、四人いた元老の意見はどのようなものだったろうか。山県は、参戦には慎重な意見であったといわれる。山県は、ヨーロッパの戦局がほぼ互角で、英仏露の連合国とドイツとの勝利見込みは六対四でドイツにも勝機があると見ていた。ただし、参戦そのものには反対せず、途中で退席したという。山県（七六歳）は言うまでもなく長州閥で、陸軍の実力者であった。その次女はこの危機のなかドイツで代理大使を務めていた船越に嫁していた。山県に伝わっていたかはわからないが、船越はドイツが勝利すると見ていた。もう一人の元老、松方正義《まつかたまさよし》（薩摩、七九歳）も慎重論を唱えたが、参戦自体には強く反対しなかった。大山巌《おおやまいわお》（薩摩、陸軍、七一歳）も反対はしていない。斎藤氏のまとめによると、元老らは参戦に同意はしたが、ドイツや中国に「日英同盟上のやむを得ぬ参戦」であることを十分に理解させた上で行動することを主張したという。また参戦の手順として山県は最後通牒方式を主張し、この件は持ち越された。

大隈内閣成立の立役者ともいえる元老井上馨（七八歳）は欠席したが、十日付けで大隈に意見書を送付し、政府を激励し積極参戦論をぶち上げた。この意見書のなかで、この大戦を大正の「天佑《てんゆう》」（天のたすけ）と捉えた一節は歴史的に有名である。その内容はこうである。「今回欧州の大禍乱は、日本国運の発展に対する大正新時代の天佑にして、日本国は直に挙国一致の団結を以て、此天佑を享受せざるべからず」。

斎藤氏によれば、大隈はこの拡大閣議で、「済南《さいなん》鉄道」への強い関心を表明し、中国利権のドイツからの奪取という「戦争目的の一つ」を漏らしたという。

また、平間氏によれば、元老の意見を聞いたこの追加の閣議で八代《やしろ》六郎《ろくろう》海相は、海軍側の事情から参戦延期を主張したが、認められなかったという。この拡大閣議でも強く参戦に反対する者はおらず、加藤の参戦論が通り対独参戦が決定された。イギリスの申し出から一日半もかからないうちの決定であり、イギリス側に迅速な回答を求められていたとはいえ、日本の重要な政策決定としては異例の早さである。加藤が強気で参戦決定に持ち込めたのはイギリスからの依頼があったからであろうが、加藤がイギリスの当初の消極姿勢や日英間の微妙な齟齬をどの程度、閣議で伝えていたかは定かでない。

## 番町密議

参戦を決めた「重要閣議」の後、八日から九日にかけての夜半、加藤は友人の八代海相や腹心とも言われる若槻蔵相の三者、さらには小池張造《こいけちょうぞう》外務省政務局長を加えて番町《ばんちょう》の私邸で会合した。斎藤氏の研究によると、この会議で、十一日の宣戦布告は諦めて元老の意向にも沿う最後通牒方式を取ることを決め、領土的支配が不必要であることなどを確認し、日英間に不一致がないように覚書の交換をすることも決めたという。

加藤伝ではこれを「番町密議」と呼んでいるが、加藤伝によれば（そして加藤伝が正しいとすれば）、この密議では膠州湾租借地の中国への還付と、ドイツが中国と謀って形式上還付した形にすることを防ぐため、いったん日本に引き渡すことを要求する方針も決められたという。ただ、膠州湾の中国への還付は九日付けのイギリスへの覚書には盛り込まれなかった。斎藤氏の分析にあるように還付は、何らかの形で交渉が難航した場合の「切り札」であったのだろう。

## 国内向けの表現「同盟の情誼」

九日、日曜日の午後四時前、加藤はグリーン大使を私邸に招いて会談し、覚書（九日付け）を手交した。その際の口頭説明で加藤は、日本がイギリスを支援するには「日英同盟適用の結果として一般的に総《すべ》ての必要なる軍事上の措置」を執らない訳にはいかないと述べて、さらにハーグ条約の規定から開戦宣言、もしくは最後通牒の形式で対独参戦する方針であることを伝えた。ただし、口頭説明で口にした「日英同盟適用」という文言は覚書にはなく、参戦の根拠は「日英同盟協約に記載せる広汎なる基礎の上」でとなっており微妙な相違が見られた。

なお、日本は日英同盟の「情誼」あるいは「誼」から参戦したと、こんにちでも説明される。ただこの日英交渉中に相互に交わされた英文の文書を見る限りでは、「情誼」「誼」に相当する英語の用語は見当たらない。あえていえば同盟の「広汎なる基礎」という表現が、これに近い。「情誼」「誼」は単純に訳せば英語ではフレンドシップ、フェローシップ、アミティなどだが、外交上極めて重要な参戦理由に用いる英語表現としては適切な言葉とは思えない。英語ならば、曖昧ではあるが「広汎なる基礎」の方が表現としてはしっくりくる。加藤は国内向け、海外向けで用語を使い分けたといえるだろう。

ところで斎藤氏によれば、翌十日の閣議では、この九日付けの覚書の内容に尾崎司法相が噛みつき、最後通牒形式は時間の無駄とし、イギリスとの相互了解にこだわる加藤の外交姿勢を指弾したという。このように一方では、いっそう強硬な方策も主張されていたのである。相互了解を基本とする帝国主義外交に習熟していた加藤は、強引でありながらも慎重に事を進めていたことが逆に印象付けられる。

## 軋む日英外交

同じ九日、加藤は井上大使に電報を送り、グレイ外相からの文書ではは日本が進んでイギリスに対する支援を申し出たとイギリス政府が考えている印象を受けるが、「同盟の誼を重んじ」て、「英国の申し出」によって必要な援助を与えるとグリーン大使に伝えており、井上もそのような姿勢で交渉するよう指示した。

### イギリスの軍事行動見合わせ依頼

井上大使はグレイ外相と会談をしようと問い合わせたところ、逆にグレイの方からすでに面会の要請があり、八月九日午前十時半［英：日本時間では午後七時半］に私邸を訪れた。グレイは日本政府の覚書（九日付け）は受け取っていなかったが、東アジアでの戦争が中国での騒乱や東アジアで騒擾《そうじょう》を引き起こしイギリスの貿易に大打撃を与えることを危惧し、いま政府は駐中国公使ジョーダンと英中国艦隊司令長官ジェラムの意見を聞いているので、イギリス政府から「確答ある迄《まで》」日本政府には「軍事行動を見合わせ」て欲しいと告げた。日本の軍事的な動きに待ったをかけたのである。

一方、この面会の様子を伝える井上大使の電報には、日独が開戦し「日本が膠州湾を陥し戦後之《これ》を領有」するとしても、イギリス政府には「毫《ごう》も異議ある次第に非《あ》らざるに付き」というにわかに信じがたいグレイの発言も記録されている。これはイギリス側の文書では確認できないし、前後関係からもこの部分は何かの誤解でないかと思われる。

**グレイに寄せられた意見**

グレイには九日付けでジョーダン公使から、中国の現体制の安定を脅かし、イギリスの将来における中国での政治的影響力とアジアにおける威信を損なうとして、日本参戦に反対する意見が寄せられていた。香港総督もジョーダンに同意しており、現地のイギリス人社会は日英同盟を嫌悪するだろうとも あった。グレイには、後で述べるように極めて非公式な形ではあるが、アメリカから中国の現状維持・中立化提案が届いていた。またイギリス自治領オーストラリア（略称、豪／豪州）・ニュージーランド、さらに東南アジアに植民地を有するオランダからも日本の拡張に対する懸念が寄せられていた。

しかし、反対論ばかりではなかった。外務省のエィリィ・クロウ卿は、ジョーダンは中国の観点からしか見ない視野狭窄であり、「我々の生存がかかっている戦争というものの特質がどういうものかを理解していない」と批判し、また中国の中立化計画は無益でばかばかしいと断じた。大戦が勃発した以上は、「今や望まれるのは世界の四隅で全力をあげて激しく攻撃する」ことだからだった。戦争中であるからには、まずは戦いが最優先という、現実主義的意見も一方にはあったのである。

## 加藤の反論

グレイから「軍事行動見合わせ」の申し入れを受けて、加藤は驚愕したろう。イギリス側に同盟適用による対独開戦を呑ませるつもりが、逆に待ったをかけられてしまったのである。加藤は、この日、十日〔日〕にグリーン大使を呼び、新たな覚書（イギリス側文書では口頭声明）を手交した。そこで加藤は「日本は、広範囲にわたる作戦を実施することを決して意図していない」として、「実際に日本の行動は中国近海の通商の保護」と「これらの地域におけるドイツの力の究極的な破壊にのみ制限される」と述べた。「ドイツの力の究極的な破壊」とは膠州湾租借地への攻撃を意味するが、それ以上は踏み込まないというのである。

また、「現在の態度を決めるに当たって、帝国政府は領土拡張欲求や利己的な目的の増進によって突き動かされて来たのではない」ので「英政府は安心してよい」と付け加えて、領土拡張の野心を間接的に否定した。ただし、この覚書では膠州湾還付には言及しなかった。

さらに加藤は国内事情にも触れ、政府は開戦を決定し天皇にも提起されており、一八九五年のドイツによる干渉の記憶も呼び覚まされ、反独世論が日々沸騰していることはグリーン大使も承知であろうと伝えた。また、駐日ドイツ大使が「九日」（これは八日と思われるが後述する）に外務省を訪れた際に威圧的な言動をして、日独関係は非常に緊張しており、宣戦布告がなくても十分敵対的な状況であるとも述べた。加藤は、ただちに対独宣戦布告をしなければ、日本では深刻な政治危機が起こりかねないとも警告した。

グリーン大使は日本の参戦は避けがたいと、認識していたようである。グレイ宛の十日付けの電報で、先の口頭声明の内容とともに、「九日に駐日ドイツ大使が脅迫じみた言動をしたことから、今や日独関係は声明無き敵対状態という危険な事態」にあり、「日本にはもはや対独宣戦しか道はない」と伝え、「日本の参戦に同意すべき」と上申した。この電報は十一日〔英〕にイギリスに到着することになる。

また斎藤氏の研究によれば、この上申電報から二時間もしないうちにグリーンは別の電報を打ち、加藤が突然「膠州湾還付を言い出したこと」を伝えた。重要な日本側の譲歩で、加藤は切り札を切ったのである。さらにグリーンは、ドイツ大使の言動や世論の動きから「イギリスの承認が無くても日本は開戦できる状態」にあるとも、念を押すように伝えていたという。

## イギリスによる参戦依頼理由の取り消し

説得の任務を与えられていた井上大使は、十日［英］にグレイ外相と会談した。グレイはジョーダン公使からの情報として揚子江《ようすこう》における英独砲艦の乗組員はすでに引き揚げており（これは先に見た）、またジェラム司令長官からの情報としてイギリスの商船がドイツの武装商船に襲われたという事実もなく、中国―インド間の航路は目下のところ安全であると告げた。そうして井上に「戦争行為は海上作戦、そしてとくにイギリス商船の保護のみに限定してもらいたい」という文書を手渡した。商船の保護というのは護衛であり、積極的なドイツ武装商船の捜索・撃破とは違う。文書では、日本が対独宣戦布告をした場合に海上のみに行動を制限するのは難しいという加藤の主張に理解を示していたが、まさにその点を逆手に取って、「極東での戦争行為は先に述べた形［海上作戦、とくにイギリス商船の保護］に限定され、この状態ができる限り長く続くことを望む」とし、「日英同盟に基づく行動を請うことは当分は控えたい」と伝えていた。井上大使は念のために、武装商船の捜索・撃破依頼は取り消されたのかと確認をしたところ、「然《しか》り」との回答が返ってきた。「軍事行動の当面の見合わせ」からさらに進んで、日本の参戦理由となったドイツ武装商船の捜索・撃破依頼そのものまでもが取り消されてしまったのである。

なぜグレイ外相は、依頼取り消しにまで踏み込んだのであろうか。一つは、現地の報告から依頼する必要がなくなったと判断できたこと、また、加藤と日本政府の青島攻撃という依頼を超える前のめりな態度に懸念を抱いたこともあったろう。さらに対外的に、イギリスが日英同盟に基づき日本に参戦の口実を与えたという印象を避けたかったともいえそうである。「海上作戦、そしてとくにイギリス商船の保護」も戦闘に発展する可能性はあったろうが、それだけでは日英同盟を正式に発動する理由にはならない。グレイは十日、井上に交付した覚書をグリーンに転送した際に、会談の要旨を伝えているが、井上大使に次のように話したという。「最も望ましいのは極東での軍事作戦を海上に限定することであると我々は考えているし、宣戦布告をした場合にそのように軍事作戦を限定できないと日本が思うのは非合理なことではないので、私は日本が同盟条約に基づく行動を当分まったくしないように望むのである」と。

グレイの申し入れは、七月危機の土壇場での「用心深くて言い抜けがうまい」姿や、そのトレードマークの「魅力的なまでに煮え切らないジェントルマン風のスタイル」を思い起こさせる。ただ、グレイは決して無責任な人物ではなかった。大戦の勃発を終生悔んだといわれるように、必要以上に責任を背負いこんでしまう人柄でもあった。そんなグレイがヨーロッパ大戦を防げなかったものの、せめて東アジア・太平洋の平和を望んだとしても不思議はない。井上大使は参戦依頼の取り消しをすぐに加藤外相に伝えた。

たぶん、グレイの依頼取り消しの判断に大きく影響したのは、アメリカとのやり取りである。発端は、駐米イギリス公使バークレイからの連絡で、八月四日、バークレイはアメリカ国務省のロバート・ランシング法律顧問から、大戦中「太平洋全域の中立化が実現可能であると思うか」と問い合わせを受けていた。バークレイは重大な問題であるとして回答を避けたが、グレイに伝え、「合衆国は、ヨーロッパ列強が戦っている間に、日本が中国で非常に優勢な影響力を獲得するのではないかと明らかに不安に思っている」と書き添えた。ランシングは、問い合わせはウィリアム・ジェニングス・ブライアン国務長官に無断なので内密にとも述べていた。グレイはこの件にすぐに回答しなかったようで、バークレイは同じ電文を八日に再送付した。

## グレイの本音

十日になってグレイは、この問い合わせ内容について、駐英アメリカ大使ペイジと会談した。両者はそれぞれ電文を残している。ペイジのブライアン宛電報によれば、グレイは太平洋の中立化は非常に広範囲にわたるので調整は難しいと思われるが、アメリカが英独にお互いに中国の現状維持で合意するよう提案するならば大変好都合であると述べたという。また、グレイは内閣の了承を得る必要を口にしたが、それはほとんど問題ないという印象を大使に与え、中国で混乱が生じることを恐れ、中国や中国近海での戦闘を避けたいと申し出たという。太平洋ではないが、中国とその近海の中立化（非戦闘地域化）提案と言えよう。ペイジはこの提案についてブライアンの意見を求めた。

グレイもバークレイ公使に電報を送り、ペイジ大使との会談で「中国、もしくは中国沿岸［膠州湾租借地も含まれる］で戦争行為が生じるべきではないということを米国が提案してもよいのではないか」と申し入れたと述べている。また、他に相談しなければならないが（内閣の承認であろう）、「一見したところ、それは実行不可能ではないように思える」ともバークレイに伝えていた。この時点で、グレイがアメリカによる中国とその近海の中立化に乗り気で、しかも実行可能と見ていたことがわかる。

また、グレイはペイジに極秘として、日本の戦争行為が海上作戦に制限されるべきこと、そうでなければ中国国内で問題が起きたり通商が妨げられるであろうから日本に宣戦布告を延期するよう要請したことを明かしていた。さらに「日英同盟に基づくいかなる行動も日本に要請することを控えてきた」ともアメリカ大使に打ち明けたという。

これらの一連のグレイの言動には、グレイの本音が見える。グレイは井上大使に参戦理由となる依頼の取り消しを伝えたのと同じ日に、ペイジ大使にアメリカが英独に対して中国の現状維持（中立化・非戦闘地域化）を提案することを持ちかけていた。グレイはおそらくその方向で内閣の承認も得られると思っていたのであろう。

ブライアン国務長官はペイジの電報を受けて、グレイの非公式提案のきっかけが自分の知らないところでアメリカ発で出された電報であることに疑問を抱いたが、いずれにしろグレイからの中国の現状維持提案を「非常に喜ばしい」と歓迎した。国務省は極秘かつ非公式に関係国に打診をすることにした。

アメリカを介して中国の現状維持を英独で保証するというのは奇策であるし、ランシングに端を発するとはいえグレイがそれをアメリカに提案したことは、軍事行動に移ろうとしていた日本に対しては背信行為で、日英同盟が破棄にさえ進みかねない危険なものだったように思える。グレイがいつどのようにしてこの奇策に思い至ったのかは正確なところはわからないが、状況からするとグレイは日本の膠州湾攻撃を阻止したいと考え、アメリカを介した中国の現状維持に賭けてみる気になって、まずは日本の軍事行動にストップをかけ、その間に米英独で話をまとめてしまおうと考えたといえそうである。

## 加藤の誤算と対応

軍事行動の当面の見合わせの依頼に強く反発していた加藤は十日付けで頻繁に井上大使に指示を送っていたが、そこに届いたのがグレイの最新の回答で、参戦理由となる武装商船の捜索・撃破依頼まで取り消されてしまった。追い打ちをかけられる事態であった。加藤はそれを受けて、十一日に井上大使に取り消しの撤回を求めるよう訓令したが、その冒頭でグレイの決定は「帝国政府の極めて意外とする所なり」と強調した。加藤は、イギリスから武装商船の捜索・撃破依頼を受けて、日本政府はそれに応じることを決め、軍事行動の準備にも着手し、「宣戦の手続きを残すのみ」というところまできたので、いまさら「協力要求」を取り消されれば、日本政府は「非常に困難なる地位」に陥るとも述べた。

これは加藤の交渉上のブラフだとは思えない。大隈内閣は妥協の産物の弱体政権で、おまけに加藤外相は元老山県に毛嫌いされていた。宣戦布告ができなかったり、参戦が認められないままだったら、大隈内閣の存続はともかくとしても、加藤が外相辞任に追い込まれた可能性はあったろう。そうなるとイギリスは、様々な軋轢《あつれき》はあったにしろ、基本的にはイギリスとの協調を重視し、日英同盟骨髄論者ともいわれた加藤を内閣から失うことになったであろう。参戦後になるが、加藤を疎《うと》ましく思っていた元老たちは、九月二十四日に一致して大隈に加藤の更迭を要求した。大隈は断ったが、加藤は政敵に睨まれていた。

加藤はまた、このような交渉は現在は秘密であるが、軍事行動の準備をしているのを中止するのであれば国民に説明する必要があり、「到底秘密に附するを得ず」として、同盟そのものに対する「一般の感情に至大の悪影響を及ぼすに至るべき憂いあり」とも伝えた。加藤は井上に、世論の悪化で日英同盟が危うくなるということまでに踏み込んで、強い姿勢で交渉するよう指示したのである。

井上大使は訓電に従い十一日朝、グレイ外相に面会を申し入れ、イギリス政府の閣議の後に会うことになった。十一日午後三時［英］にグレイに面会した井上大使は、このままでは政府が「非常に困難なる地位」に陥ることを説明し、グレイに翻意を促した。

### グレイの参戦容認

ここで事態はドラマチックな展開を見せる。グレイが日本の対独開戦を、事実上容認したのである。グレイは、駐日ドイツ大使が「脅嚇《きょうかく》的言辞」を弄《ろう》したということであれば、日本の利益が迫害されるわけだから、日本国がその利益を守るために開戦することは了解であると述べたのである。さらにグレイは日英同盟協約により開戦することにも異議はないと述べた、とも井上は記録している。井上大使は小躍りしたかもしれないが、グレイは井上の説得を受け入れて翻意したのではなく、会談前に決まっていたことだった。グレイは、たった一日で方針を変えたのである。それはなぜか。

### グレイの方針変更の理由

八月にグレイ外相（もしくはイギリス政府）は少なくとも対日政策で六回、方針変更や軌道修正をしている。まずは日英同盟に影響なしという立場表明（一日の井上大使との会談）に始まり、次いでイギリス参戦が確実になってからの香港・威海衛に対する攻撃の場合の同盟適用（三日）、ただし、たぶん日本の援助を求めることはないという見通しの表明（四日の井上との会談）、海軍本部の意向を受けての武装商船の捜索・撃破依頼による限定的な日本の軍事行動と参戦の容認（六〜七日）、日本の軍事行動の当面の見合わせ依頼（九日）、参戦理由となる武装商船の捜索・撃破依頼の取り消し（十日）、駐日ドイツ大使発言による日本の対独参戦の容認（十一日）である。なかでも十一日には何があったのだろうか。

重要であったのは閣議であろう。この頃、イギリスの閣議では、連日、日本の動向を取り上げていた。前述のように、グレイは十日に駐英アメリカ大使に会い、アメリカを介しての中国の現状維持案を閣議に提起すると述べていた。十一日の閣議では様々な問題が取り上げられたが、アスキス首相の国王宛報告にはこうある。「極東における日本の協力に対する便宜と可能な制限について、本日［十一日］と昨日の両日にかなり議論をいたしました。その後、E・グレイ卿が、本日午後の日本大使との面会に於いて、次のように伝えることを決議いたしました。我々の判断では、日英同盟に含まれる一般的利害からすると協同行動は保証され、必要ともされています。しかし、軍事行動は中国沿岸部、中国近海、西方に制限されるべきであります」。

これだけではわかりにくいかもしれないが、ニッシュ氏は、ここでのイギリス政府の方針を「日本を落胆させてはならないが、制限もすべきである」というものと要約している。井上大使に伝えられた一連の内容も、十一日の閣議の決定の範囲内のことであろう。おそらくグレイのアメリカを介しての中国の現状維持提案は閣議で承認されず、内閣は日本参戦を容認することとし、不本意ながらグレイは従わざるを得なかったと思われる。七月危機の最終局面で、イギリスの政策決定の中心が外相から内閣に移ったことを想起させる。

本省や現場の外交官の意見も、決定に影響したろう。本省ではオールストン極東部長がグレイの一連の動きを批判的に見ていた。オールストンは、十日付けのメモで「私は日本と仲良くすることの方が、我々の太平洋の植民地［豪州、ニュージーランドの自治領諸国］の言いなりになるよりも重要だとあえて思う」と書いていた。

グリーン大使は、先にも述べたように七日付けの電報で、武装商船の捜索・撃破依頼を超えた日本の軍事行動に理解を示していた。続く八日付けの電報では先走って、青島に対して日本軍が実施する陸上作戦に、天津《てんしん》の中国派遣軍の分遣隊を協力させるべきであり、そう日本政府に打診すべきでないかとグレイに尋ねている。青島戦を前提とした問い合わせで、大使と外相の間の温度差を窺わせる。このような問い合わせにグレイは回答しなかった。その後もグリーンは連日、電信を送り、加藤の発言内容を伝えるとともに、イギリスが青島攻撃に加われば、日本がイギリスに恩義を覚え、作戦の後に中国で後始末のプロセスが始まったときに有利になるという利点を伝えていた。

グリーンだけではなく、この頃にはジョーダン駐中国公使も、戦後に確実に膠州湾地域を日本が中国に返還すると約束するのであれば、日本に単独行動を許すよりもイギリスが軍事協力をした方がよいと現実的な見方をするようになっていた。

**チャーチル海相のコメント**

現場の外交官の意見を見ていると、十日付けで加藤が、膠州湾租借地を獲得しても最終的には中国に返還すると伝えていたことは切り札的な役割を果たしたかもしれない。ただ、もっとも影響力があったのはチャーチル海相と海軍本部の意向ではなかったろうか。

グレイのグリーン宛の電文が閣内で回覧されたとき、グレイに向けて即座にコメントしたのがチャーチルだった。そのコメントは十一日付けで、閣議の決定にどう影響したかは定かではないが、少なくともこの時期のチャーチルの見解を示しているのは間違いない。

チャーチルは、グレイが日本の意欲を削いでいるとして、彼ら日本人を「取り込むか、部外に留めておくかの妥協点」を自分には見出すことができないと述べ、「入ってくるのであれば、彼らは戦友として歓迎された方がよい」とした。とくにチャーチルは「この最後の電信は、ほとんど敵対的ですらある」として、自分はグレイの意図を十分理解していないのかもしれないがと断りつつ、「この電信には背筋が寒くなった」と率直に告げた。「また日本とのやり取りで明らかになった方針にはまったく当惑させられた」とも続けた。チャーチルはやや教訓めいた言い方を付け加えた。日本に対して「貴殿は簡単に致命的な侮辱を与えてしまうかもしれない――そしてそれは許してもらえないだろう――我々はまだ安全ではない――まったくもってして。嵐が吹き荒れるのはこれからなんだから」。

チャーチルが背筋を寒くしたという電信は特定し難いが、チャーチルの伝記作家マーチン・ギルバート氏によれば、チャーチルは電文の「東アジアの英国の特殊利益は深刻な脅威に晒されているとはいえず、その理由のみで日英同盟の適用を不可欠とすることはできない」という部分（同様の内容は電文や覚書に見受けられる）について、「貴殿の声明は我々の情報では確認できない」と批判していた。海相と外相、両者の現状認識と立場の相違は明らかだろう。

図11　ウィンストン・チャーチル（右）とドイツ皇帝ヴィルヘルム二世（1906年, アメリカ議会図書館所蔵）
チャーチルが独軍の軍事演習に招かれた際の写真.

チャーチルはグレイとは異なり、戦争を冒険として楽しめるタイプであり、また海軍大臣であるから、東アジア・太平洋の平和維持よりも、戦争に勝利することが当然、最優先であったろう。チャーチルは極めて現実主義的であり、同盟を蔑ろにしかねないグレイの方針に強い危機感を抱いたのである。

グレイはチャーチルのコメントに対して感情的になったようだが、最終的に電文に手を加えた上で、「さあこれで日本については申し分ない」とチャーチルに返事したという。

イギリス政府による日本参戦容認という方針転換で、梯子を外された形となったのはアメリカである。グレイはすぐにペイジ駐英大使に「日本は対独戦争を自制することができない」と伝え、「東京のドイツ大使がこれ以上の自制を困難にした」と責任を日本とドイツ大使に帰した。ただ、日本が中国の中立と領土保全の尊重を切望しているとイギリスに請け合ったとも述べ、アメリカ側を宥《なだ》めた。ペイジがこの会談内容を本国に伝えたのはグレイが井上大使に会う前で、グレイが井上との会談前に方針転換をしていたことは明らかである。

### 大隈の巧みな世論操縦

グレイのさらなる方針転換に、加藤はさぞ安堵したことだろう。奈良岡氏の研究によれば、新聞には八月七日頃から参戦論が現れ、とくに九日以降、日刊の全国主要紙も対独参戦支持の論陣を張り始めていた。軍事行動を中止した場合、国民に秘密にはできず、同盟に対する国民感情に多大な悪影響を及ぼす恐れがあるという加藤の主張も肯ける。ただ、この頃の『東京朝日新聞』の報道を見る限りでは、日英間で何か齟齬があることを匂わせてはいたものの、参戦依頼の取り消しという重大事案があったとはおくびも見えない。

　十二日の臨時緊急閣議後、大隈首相は新聞記者に接見し、時局に関連して「御馳走の現はるるも遠きにあらざるべければ……」と語り、巧みに御馳走の比喩を用いて情報を探る記者たちをはぐらかしつつ、参戦決定が近いことを示した。「御馳走」は参戦を意味する流行語になった。ユーモアを交えた大隈の巧みな世論操縦が印象的である。

図12　「首相「マア待て，御馳走は近い」」（『東京朝日新聞』1914年８月14日）

　藤原正彦氏は、ユーモアは英国紳士の「品質証明」で、ユーモアの持つ距離感覚で「自分と状況との間に距離をおき、状況を俯瞰することで客観を取り戻し、事を上手く運ぶことが出来る」とその効用を説いている。大隈やイギリス留学経験を持つ夏目《なつめ》漱石《そうせき》にはユーモアのセンスがあったが、イギリスびいきであっても加藤にはこれが欠けていて、冗談ひとつ言わなかったそうである。加藤の対応が生真面目で直線的に見えて、余裕が感じられないのはそのためだろうか。もっとも加藤も一度はダジャレを言っている。尾崎司法相と盛夏に御用邸に正装で伺候《しこう》した帰りに大汗をかき、尾崎が暑さに話を向けると「人間が下等（加藤）ですからな」と答えたというのであるが、それが特筆されるほどシャレなどは言わない人物であったという（宮野澄『加藤高明』）。

**もつれ続けた日英関係**

グレイは十一日に井上大使との会談で、日本の対独参戦を事実上容認する一方で、戦闘区域を制限し、シナ海よりも西と南、および太平洋では戦闘しないと声明するよう要請した。井上は太平洋で日本商船に危険が及ぶ場合などもあるとして、この戦域制限について明言を避けた。

十二日にイギリス政府は、政府覚書を日本政府に送り、交渉内容をまとめた。その文書ではグレイの意見として、「東アジアの英国の特殊利益が、同盟適用を求めるほど深刻に脅かされているとは言えない」として、間接的に同盟義務の発動はできないことを伝えていたが、一方では「日本にもまた配慮すべき利益があること」と、「ドイツ大使が用いた強迫的言辞の観点から、どのような行動が必要とされるかを判断する権利を日本のみが有すること」を認めるとしていた。参戦を事実上、容認したのである。一方でグレイは、諸外国の懸念を払拭するために、戦域制限を日英の共同声明に盛り込むことを要請した。

この後の日英の外交交渉の焦点は、この戦域制限と英軍の参加問題をめぐって進んだ。

十二日に井上大使と面会した際、グレイは重ねて、戦域制限を要望していたが、十三日には、日本政府が保証することを条件として、日本の対独最後通牒に戦域制限を盛り込まないことに同意した。

一方で、英軍参加問題では、グリーン大使やジョーダン公使の支持もあり、グレイも十一日には参加を決め、十二日に日本側に伝えた。日本側にとっても単独行動で非難を受けるリスクを回避する意味で、英陸海軍との協同行動は歓迎すべきことだった。日英にとって協同行動はウィン・ウィンであった。しかし、十二日とそれ以降、グレイはロシア・フランス両軍の参加も日本側に打診してきた。十七日、加藤は、戦後の協議を考え、「余り多数の者が発言権を有することは好ましからず」としてグレイの申し出を断った。それでもグレイは諦めずに二十二日にも同様の打診を繰り返し、露仏もイギリス同様に日本の戦後の膠州湾要求に異議はないという密約めいた話にまで踏み込んで提案した。しかし、加藤はあくまでも慎重で抜け目なく、「微々たる膠州湾占領」には困難はないし、後日に複雑な紛糾の種を残すことになるとして、露仏の参加を認めなかった。

## 独米中の動きと最後通牒

### 利用されたドイツ大使の言動

ところで日本の対独開戦の理由とされた、駐日ドイツ大使レックスの強迫的言辞とはどのようなものだったのだろうか。斎藤氏が調査し発見したイギリス側の文書に、加藤がグリーン大使に伝えた内容の記録が残っている。それによればレックスは「かんしゃくを起こし、まさに理性を失い、熱情にかられ、長い時間激しい非難を述べ立てた後に」以下のように叫んだという。「このことを覚えておけ、ドイツが打ち負かされることは決してない。しかも、ここに我々が再び戻るときには、きっと日本にこのドイツに対する忘恩の報いを受けさせてやる。それに日本の友邦［イギリスのこと］、日本にこんな汚い仕事をやらせたやつらも決して忘れはしない。やつらにもまた必ず仕返しをしてやる」。

レックスの発言がかなり感情的であることはわかるが、実際のところ外交慣例からして戦争に訴えることができるほど威嚇的だったのだろうか。疑問は残る。

### レックス発言の謎

開戦理由にされたレックスの言動であったが、実はその日付がはっきりしない。加藤が十日にグリーンに渡した覚書では九日となっているが、日本外交文書にはこの日にそのような記録が見当たらない。ただ、その前日、八日午後五時に、レックス大使が松井次官と会談したという記録が残っている。研究者間でも日付けの見解は分かれるが、どうも八日の方が辻褄が合うように思える。仮に八日だとすると、興味深いのは、その日の松井次官の会談記録を見る限りでは、レックスは強気ではあるが著しく強迫的には見えないことである。この日レックスは、閣議が頻繁に開かれ、新聞などで青島攻撃の風説が流れているため確認しにきたのだが、松井次官は自分が閣議のメンバーでないことを理由に大使の質問をはぐらかした。加藤は天皇に伏奏するため日帰りで日光に行っていた。

レックスは、「独国極東領」（膠州湾租借地）が攻撃された場合の勝敗の成り行きは明瞭であるが（ドイツの敗北ということ）、独軍は一兵卒でもいる限りはあくまでも抵抗を続ける。日本にとって、たかだか二〇〇〇から三〇〇〇の軍隊と五隻の軍艦で守られている「独国極東領」を攻撃して占領しても、名声を失墜することはあっても「決して其の光輝を発揚する所以《ゆえん》に非《あら》ざるべし」と述べたという。また大使は、ヨーロッパにおけるドイツの勝利を確信し、日本が青島を占領していたらその保証を「協商三国」（英仏露）に求めることになり、三国の負担となるとも主張した。これらの発言は、松井次官と「最も懇親の間柄」であるために打ち明け話をしたので、本国の訓令によるものでなく、「自分一己の意見」に過ぎないとも釘を刺している。この会談内容と、先に紹介した発言内容とではかなり差がある。発言内容が誇張されてイギリス側に伝えられた疑いもある。もっともレックスはかんしゃく持ちで知られており、一時的に感情的になった可能性は十分にある。ただ、本国の訓令によるものでない個人的な見解を、開戦理由にできただろうか。

一方、レックスの言動は日英両国外相にとって好都合であったろう。加藤は開戦理由にこじつけることができたし、グレイは日英同盟の発動によらずに参戦を容認する理由を得て日本の参戦の原因をドイツ側に押し付けることができた。

八月十二日［日］、対独開戦がほぼ決まっていたなか、加藤はレックスと会談した。開戦理由になるような強迫的言辞を弄した相手であれば、外相は面会を避けてもよさそうである。ニッシュ氏も、発言後に二人が会っていることから発言が誇張された可能性を指摘している。レックスは丁寧な言葉遣いで、日本政府が戦局に関与しようとする動きが見られるが、その事情を聞きたいと述べ、戦闘区域の限局や場所によっては海上の中立について何らかの方法を取ることは不可能ではないのではとも伝えた。いずれにしろ、まさか自分の言動を理由にして、イギリスが日本の対独参戦を認めていたとは知る由もなかったろう。三日後、レックスは加藤から日本の最後通牒を受け取ることになる。ただし、彼の「問題発言」について、最後通牒には一切言及はない。本当に深刻な問題であったのであれば、それを認めて謝罪するよう求める一項があってもよいように思える。

### アメリカの働きかけとドイツの対応

話をグレイの提案を受けてからのアメリカの動きに戻そう。ブライアン国務長官は八月十一日に駐独アメリカ大使ジェラードに「交戦地域の制限と極東での現状維持の可能性について慎重にドイツ政府の見解を確かめるように」指示した。

アメリカ外交文書によると、ドイツ政府はアメリカの非公式提案を受けて、自国案を作成してジェラードに伝えた。この頃すでにグレイは梯子を外していたのであるが、中国の現状維持提案は独り歩きをしていた。ジェラードから十三日発でブライアンに伝えられたドイツ案は、極東での現状維持というよりも、東洋での交戦自体をドイツと日英が相互に自粛するというもので、東洋の範囲は西は東経九〇度線（インドの東端）で東は太平洋を越えてホーン岬（チリ）としていた。ドイツ側の本気度がうかがえるが、日本が対独最後通牒を突きつけるのは時間の問題となっていた。

小池氏によれば、十三日、ドイツ宰相ベートマンはカイザーに膠州湾についての対応で袁世凱の協力を求めないことを確認したという。その理由は、袁に協力を求めれば「偉大なドイツ」が中国の承認を必要とすると解されて、面子を失いかねないからであった。

## 最後通牒の手交

八月十五日、加藤外相はレックス大使に最後通牒を手渡した。日本側の要求は、日本・中国近辺の海域の独艦艇の即時退去と退去できなかった場合の武装解除、およびドイツの膠州湾租借地を中国に還付するために、無償・無条件で、九月十五日までに日本に引き渡すことである。

回答期限は日本時間で二十三日正午で、最後通牒の期限としては異例の長さであった。千葉氏の研究によれば、これは前日十四日の内閣・元老会議で最終決定されたことで、「ドイツの反感を最小化することを希望」する山県と、「あわよくば戦闘なしでドイツが降伏することを望んで」いた加藤の思惑が一致したためという。加藤は裏で陸軍の外交政策への関与を防ぎたかったというが、その陸軍の後ろ盾が山県であった。犬猿の仲の両者が珍しく一致したが、それぞれは異なる思惑を抱いていた。

長い回答期限には、当時の通信事情の悪化を考慮した面もあった。実際にドイツ外務省が最後通牒を受け取ったのは、十七日の午前十一時頃［独］だった。

千葉氏の研究によれば、最後通牒に膠州湾還付を盛り込むことにも、閣内や元老に賛否両論があったという。加藤外相や岡市之助《おかいちのすけ》陸相は、盛り込まなければアメリカが納得しないとして、その必要性を力説したという。名を捨て実を取る政策であると説明がなされた。一方で、例によって尾崎司法相は、「人の女房を俺に寄越せ、寄越さなければ殴るぞ」と言うのと同じと反対したという。山県も、日本への譲渡を求めた条項を入れたこと自体に不満であったという。このような議論や意見表明はあったが、先にも見たように、早くも十日の段階で加藤は、イギリス側に膠州湾還付を約束してしまっていたので、盛り込まなければ納得しないのはアメリカばかりではなく、イギリスもそうであったろう。

グレイは日本の最後通牒に不満であったようである。ペイジ米国大使に、「日本政府は自らの責任で行動した。彼らは最後通牒について英政府に相談せず、それを送ると決めた後に知らせてきただけだった」と愚痴とも言い訳ともつかないことを述べた。イギリス政府と交渉はしていたので、「相談せず」は言い過ぎであろう。

### 膠州湾放棄という策

最後通牒を発出しても、まだまだ予断は許されなかった。ドイツには、膠州湾租借地を日本に引き渡さずに中国に直接還付してしまうという手段もあり得た。しかし、先に見たように、すでに十三日に皇帝も宰相も中国の助力は求めないことを確認していた。

ただ、中国も同じことを考え、十八日［独］に駐ドイツ中国公使は、膠州湾租借地の武装解除と中国への返還を要求したという。ドイツ政府はこれを拒否した。

しかし、東アジアの現場のドイツ外交官の考えは本国政府とは異なり、駐中国アメリカ代理公使の十九日付けの報告によると、ドイツ代理公使は直接返還の可能性を中国外交部と議論していたという。もっとも中国政府はそのような非公式予備交渉を続けないように警告を受けていた。アメリカ側文書では名指しは避けたが、警告していたのは日本であろう。中国はイギリス公使にも、膠州湾の中国への直接返還について非公式に探りを入れたが、イギリス政府はそのような移行を現時点で認めることはできないと断ったという。

## 日本の青島占領を阻止したい中国

八月十五日の夜、加藤外相から最後通牒について説明を受けた中国の駐日公使は、膠州湾租借地の還付が盛り込まれていることから外交部に「日本政府に対して中国政府が信任を与えること」を求めたという。外交部も表面上は日本に感謝の意を示すと応じたが、実態は違っていた。

おそらく十九日［中国］頃に、中国の交通総長梁敦彦《りょうとんげん》は、個人の責任でアメリカ公使に、国務省に非公式提案の伝達を依頼していた。その内容は、膠州諸権利をドイツから中国に直接でなく、アメリカにいったん譲渡し、それから中国はアメリカから諸権利の移譲を受けるという大胆なものだった。非公式を装っているが、「上層部」の関与を疑わせるし、強い対日警戒心が見受けられる。中国にとって膠州湾租借地の還付は歓迎すべきことであったが、日本がいったん占領したら、それがいつどのように実現するかもわからないし、還付の条件として過大な要求もされかねない。アメリカにいったん譲渡された方が都合がよい。

二十日午前三時［中国］に発せられたこの電報は、時差の関係でワシントン時間の十九日午後十時過ぎにアメリカに到着した。ブライアン国務長官は二十日の午後五時に返電して、梁の個人的な提案に次のような微妙な文言を添えて断りを入れるように駐中国公使に指示をした。「国務省は貴殿［梁のこと］の依頼に応じられないことを残念に思う。（中略）国務省はそのような行動が戦争を避けるというよりも戦争を引き起こすであろうことは確実であると考える」。

ブライアンが引き起こされると懸念した戦争は、日米戦争であろう。この頃は奇妙な話ではあるが、誤報や誤解から日米戦争が取り沙汰されていた。梁の提案を受け入れてドイツ租借地がアメリカに譲渡されたとしたら、開戦に向かっていた日本に冷や水を浴びせ、その面子を潰すことになり、日米関係が危うくなることは確実である。またすでにイギリスは日本の青島攻撃を了承しており、協同作戦を予定していた。イギリスを翻意させることも難しかったろう。ブライアンの判断は、当然と言えば当然である。

二十一日、アメリカは日本に対して覚書を発し、中国の独立・領土保全・機会均等について注意を促すとともに、中国で騒乱が発生した場合にルート・高平協定に基づきアメリカと協議することを求めた。アメリカの介入の恐れは遠のいた。

### 最後通牒の無視と開戦

東アジアのドイツ外交官は、さらなる奥の手、日本への租借地の譲渡も検討していたという。レックスやマルツァンらは、日本に譲渡することに乗り気だったと小池氏は指摘している。ヨーロッパでドイツが勝利すれば、講和後に元通りにドイツに返還させればいいという考え方である。八月中旬から下旬にかけて、独軍はシュリーフェン計画に基づき、ベルギーを抜けて、仏軍の要衝を落としながら破竹の勢いでフランス北東部に侵攻していた。この時点では、戦況は独軍に有利であり、またそうでなくてもドイツ人は勝利を確信していたから、講和後の返還は合理的に思えたろう。しかし、本国政府は膠州湾放棄を認めなかった。

小池氏によれば、ドイツ政府は膠州湾を中国もしくは日本に渡すことはまったく考えていなかったという。ヨーロッパでドイツが勝利するまで膠州湾が持ちこたえる可能性もその時点ではあったし、何よりも「道義的な印象」のために膠州湾防衛を選んだという。確かに返還してしまえば戦争にはならないが、いわば不戦敗であり国家威信は低下する。

ドイツ海軍本部編の『青島戦史』(以降、ドイツ海軍青島戦史と呼ぶ)によれば、日本の最後通牒発出後、膠州湾租借地のヴァルデック総督には、マルツァン代理公使から日本との戦争を避けるために中国への租借地還付を本省に上申するという連絡があったそうである。しかし、総督は軍人として青島を死守することを決意しており、八月十八日付けで「臣は青島を死守することを茲《ここ》に誓約す」とカイザーに打電したという。すぐに翌十九日には海軍大臣から「青島を死守せよ」という勅命が届いたという。カイザーは「膠州を日本人に引き渡すことは、ベルリンをロシア人に引き渡す以上に余の面目を失わせるだろう」と述べていたこともある。ベルリンよりもというのはカイザー流の誇張であろうが、かくして膠州湾租借地のドイツ人は、国家威信の維持のためと、カイザーのメンツのために、負けるとわかっている戦いをしなければならなくなった。

二十三日正午、回答期限は切れたがドイツは回答しなかった。この日、ヴァルデック総督は守備隊に日令を公布し、そのなかで日本の最後通牒の要求内容を「不遜極まるもので、まさに我々を侮辱するもの」であると非難し、「八月十八日に電報で最後の一兵となるまで青島を固守すべきをカイザーに言上したのに対して、翌八月十九日に『青島を死守せよ』との勅命に接した」ことを明らかにした。ただ、「最後の一兵」まで青島を死守すると総督は悲壮な決意を述べていたが、額面通りに受け取れないことは後に明らかにする。

一方、予想通りであったろうが回答がなかったため、二十三日、日本政府はドイツに対して宣戦を布告した。こうして日本は、露仏英、ベルギー、セルビア、モンテネグロらに次ぐ、ドイツにとって七番目の敵となった。

青島のドイツ人は、どのような思いでこの日を迎えたのだろうか。

宣教師として青島に住み、後に中国学で著名となるリヒャルト・ヴィルヘルムは二十三日の日記に「日本の最後通牒の期限が切れる。ドイツ皇帝の勅命により、青島は最後まで守り抜かれねばならない」と簡潔に記した。妻子は前日の二十二日に青島を去っていた。彼は現地で赤十字を設立しようとし、それに協力を約束した日本人外交官宗村から、妻子を逃がした方がよいと助言を受けたことも日記に書き残している。

一方で独軍の飛行機乗りプリューショウ中尉は、回顧録にこう書いた。「八月二十三日、日本の最後通牒の期限がやって来た。そもそも黄色人種の日本人どもに返答する必要なんてないのは当たり前だった。この日の合言葉は『さあ、やっちまえ！』であった。これは我々みんなの気持ちを、そのまま代弁するものだった」。人種偏見に満ちているが、威勢がよく、士気の高さもうかがえる。

# 日本の参戦理由・目的と要因

## 負けない戦争

八月初めからほぼ三週間あまりで、日本はドイツに対して開戦し、第一次世界大戦に参戦した。大戦自体が突然であったように、日独戦争は突然降ってわいたような戦争であった。比較的長期の関係悪化があった日清・日露戦争と異なり、それ以前に日独関係がとくに悪かったわけでもなく、やむなく追い込まれたのでももちろんない。自ら選択した上での参戦であった。これまで様々な議論や外交上のやり取りを追ってきたが、果たして日本の参戦理由と目的、また参戦を促した要因はどのようなものだったのだろうか。

まずは参戦を促した心理的要因を見てみよう。通常、戦争においてもっとも重要な関心事は勝敗である。そう考えると第一の要因は日本にとって「負けない戦争」だったことであろう。日独戦争の主戦場となる青島は、日本にとっては目と鼻の先で地の利もあり、軍事的に圧倒的に優位だった。ドイツは軍事強国であったが、若槻蔵相がいみじくも述べたように、日本まで攻めてくる恐れはなく、青島の独軍は補給・増援も受けられない。イギリスもドイツも、勝つか負けるかわからない戦争を始めたばかりであったが、日本にしてみれば極東に限れば負ける心配のない戦争であった。日清・日露戦争のように、負ければ敵国が日本本土に侵攻する恐れがある、国家存亡のリスクを負った戦争でもなかった。

勝利が約束されており、ある程度の犠牲・損害は避けられないとしても、それに比べて得られるものが大きいと期待できれば、政策決定者にとって参戦は合理的であり、また武力行使をする心理的ハードルも低かったろう。「負けない戦争」ということが、政治・軍事指導者から国民レベルでも、参戦を推し進める心理的な動因となったといえるだろう。

## 経済進出と領土欲の否定

膠州湾租借地とその周辺の経済的価値も見逃してはならないだろう。先にも述べたように大隈首相は拡大閣議で、「済南鉄道」への強い関心を表明していた。仮に租借地は将来中国に返還するとしても、そこの鉄道利権を得れば、満鉄がそうであったように同地への経済進出の足がかりとすることができる。ドイツの資本投下により成長した青島は、その後背地を含めて潜在的成長力があり、経済的にも大きな魅力を持っていた。帝国主義的な経済進出の機会も、参戦要因に挙げられるだろう。

一方で、領土獲得という点はどう考えたらよいだろうか。領土獲得といっても、この場合はドイツ租借地の権益の継承である。参戦を積極的に進めた加藤外相は、依頼範囲を超える青島攻撃をイギリスに納得させるために膠州湾還付を口にした。対独最後通牒にも還付を盛り込み、領土的野心がないことを示していた。加藤は、領土として植民地を経営するよりも、領土でない「非公式帝国」に組み込み、通商や投資を通して経済的な利益を得ることの方が適切であると思っていたのであろう。だから膠州湾還付にそう抵抗はなかったともいえそうである。穏健な帝国主義者であった加藤個人には、領土欲はなかったといってよいだろうし、その線で政府も動いていた。

ただ、最後通牒を発した後の八月十七日、グリーン大使と会談した際に加藤は、ドイツが最後通牒を受け入れずに日本が武力によって膠州湾を奪取した場合には、還付についての対応は自ずから異なると釘を刺していた。武力奪取の場合の還付に留保を付けたともいえる。また、占領して交渉がまとまらなければ既成事実として植民地化が進むこともある。ある国の主張を額面通り受け取らないのは国際政治の常であるし、いくら日本政府が領土欲を否定したとしても、英米中などの関係国の疑念を払拭するのは難しかったろう。

さらに、次に述べるように現に日本海軍は赤道以北のドイツ領南洋群島を占領し、政府も領有を目指した。これらの地域は戦後、日本の委任統治領となる。参戦時点ではそこまで考えていなかったにしろ、領土は獲得したのである。

## 平和のための戦争

その他の理由はどうか。参戦を正当化するためによく主張されるのは「自衛」である。さすがに日本は実際に攻撃を受けていなかったので自衛の主張は難しかったが、代わりに用いられたのが「極東の平和を紊乱《びんらん》すべき源泉を除去」（対独最後通牒）するとか、「極東の平和は正に危殆《きたい》に瀕《ひん》せり」（対独宣戦の詔書）といった主張である。このような文言は、帝国主義の時代にあってはほとんど決まり文句《クリシエ》の域を出ないし、平和のために戦争を肯定するのは矛盾もしている。

しかし、将来の平和のための戦争というレトリックは大衆受けするものであり、参戦理由を正当化しそれを喧伝するためにしばしば用いられたことは留意しておいた方がよいだろう。たとえば、一九一七年四月にアメリカのウィルソン大統領は「民主主義のために、世界は安全なものとされなければならない」と述べたが、その世界を安全にする手段がアメリカの参戦なのであった。

## 国内事情からの参戦

国内政治で行き詰まり、国民の支持を失う危機にあるとき、国民を糾合するために対外危機を煽ったり戦争に訴えるということは、ままあることである。その点はどうだったか。

奈良岡氏が分析しているように、当時、少数与党内閣の大隈内閣は国内政局で行き詰まっており、大隈は年内の衆議院解散も考えていたが勝算は覚束なかった。そこに欧州大戦が勃発した。大戦への参加は、政権の求心力を高める絶好の機会であり、大隈内閣にとっても「天佑」であった。その意味では国内政治も、いくつかの参戦要因の一つに加えてもよいかもしれない。しかし、国民の不満を逸らすための対外戦争という発想が当時の日本の政治指導者に強くあったとは思えない。その点から、むろん主要因とはいえないだろう。

ただ、国内要因で忘れてはならないのは、世論の参戦支持であり、それには先に述べた一八九五年の三国干渉が深くかかわっていた。三国干渉は、政治・軍事指導者は元より、国民レベルにおいてもトラウマであり、干渉の当事国の一つドイツに対する恨みは長く潜在的に残っていた。またそのトラウマの記憶は、カイザーが黄禍論を気まぐれに喧伝したため、しばしば呼び覚まされていた。

### 国民的トラウマの解消

干渉から二〇年近く経っていたとはいえ、その恨みを晴らす機会が訪れた。参戦を決めた閣議の終わり近くでは、干渉の記憶が持ち出されて「復讐戦」が唱えられた。三国干渉の「復讐戦」というアイデアが、指導者から国民まで参戦を支持あるいは納得させる材料となったことはいえるであろう。すでに八月初めから新聞には反独感情が溢れていたが、日本の対独参戦とともに増した。その後の青島攻略は、国民にカタルシスを提供したであろうし、またそれは国威発揚の機会ともなった。

**戦略的な理由**

様々な参戦理由を検討してきたが、より本質的な理由の一つとしては、膠州湾租借地のドイツ勢力の排除が、地政学的に見ても、外交・軍事戦略上も重要であったことが挙げられるだろう。

むろん戦争になれば、青島の独海軍は規模から見て大きな直接的な脅威ではない。ただ、中国外交は帝国主義列強間の相互牽制をたびたび利用しようとしてきたので、むしろ平時にあって青島の独軍の存在は厄介なものと認識されていたろうし、その意味では、小艦隊で少数兵力という規模に比して青島の独軍は大きなプレゼンスを発揮していたと思える。日本にとって青島の独軍が「喉元に刺さった棘《とげ》」と評されるのはこのためであり、「日本の玄関先にドイツが座り込んで居って、日本の自由行動が妨げられ」と加藤が評したのも、そのような観点から理解すると納得がいく。戦争は現状変更の絶好の機会であった。さらに攻略後、日本軍は独軍に替わって青島を単独で占領し駐留したが、地理的に北京に近いことから北京政府にとっては大きな軍事的な威圧となったろう。

**対中交渉材料としての青島獲得**

それでは青島における軍事プレゼンスを背景に、日本は何を得ようとしたのか。日独戦争の目的として、こんにちの研究者の多くが強調しているることは、占領した膠州湾租借地の返還を交渉材料として、懸案となっていた関東州の租借期限（一九二三年）の延長や満鉄の中国による買い戻し請求権発生年（一九三六年ないし三九年）の延長などを中国に呑ませるということである。膠州湾租借地を獲得して東洋におけるドイツの軍事的脅威を排除し、また、その返還を交渉材料として懸案であった満蒙権益の期限延長を果たすことができれば、正に一石二鳥である。外交上のやり取りでは必ずしも明確に示されていないが、奈良岡氏が言うように「満洲問題の解決こそが、加藤を参戦に向かわせた最大の動機」と言ってよさそうである。

ここから、参戦とその後の対華二十一ヵ条要求とがリンクするのである。ただ、その後の日中間の交渉を見ると、この青島獲得が外交カードとしてどこまで有効であったかにはいささか疑問を感じないでもない。その点は、後に議論したい。

## むしろ弱体化した日英同盟

日本は表向きは、日英同盟の友誼ないし広汎な基礎に基づいて参戦することとし、対独最後通牒にはイギリス側の当初の武装商船の捜索・撃破依頼に呼応して、独艦艇の即時退去もしくは武装解除が盛り込まれた。当時のドイツの世論では、日本はイギリスに唆《そそのか》されて参戦したという見方が支配的であった。たとえば『ケーニヒスベルガー・ハルトゥングシェ』紙（十一月三日付け）は、日本の衆議院の論戦を詳しく伝えながら、「日本の対独開戦は日本の自発性によるものではなく、イギリスの強制によるものであることは明らかである」と書いた。

むろん日英同盟がなかったならば日本の対独参戦もなかった可能性があるので、その意味では日英同盟を参戦理由に挙げることはできるだろう。ただ、日英間の辛辣な外交上のやり取りに明らかなように、日英同盟関係は揺らぎ、この参戦は結果的に日英同盟の強化につながったというよりも、むしろ逆であったように思われる。もっとも日本はこれで、同盟のジュニア・パートナーから対等なシニア・パートナーと認知されるようになったことはいえそうで、日本の立場は強まった。

## 国際的な地位と国家威信

加藤は閣議などで、参戦によって「国際上に一段と地位を高めるの利益」を説いた。国家の威信・評判は、他国の評価に依存する相対的なものであるが、第一次世界大戦の勃発には国家威信も関係していた。代表的な例はスラヴ民族の盟主を自任していたロシアで、同じスラヴ民族の国家を守るという理由で、同盟国でもないセルビアに対する軍事支援を決めた。この決定の背景には、支援をしなければ、自らの威信が著しく低下するという危機感があった。セルビア支援を決めた七月二十四日の大臣評議会でサゾーノフ外相は、ロシアがスラヴの民の独立を守るという「歴史的使命」を放棄すれば、「あらゆる権威」と「バルカン地域での威信」を失い、「列強のなかで二級の地位に甘んじざるをえなくなるだろう」といっている。国家威信の獲得・維持、あるいは向上も重要な参戦理由になるのである。一方でドイツが膠州湾租借地を（一時的であれ）放棄するという妥協ができなかったのも、国家威信の保持のためであったし、イギリスは日本の行動により東アジアでの自らの威信が傷つくことを危惧していた。

加藤外相が述べた「国際上に一段と地位を高めるの利益」は外交家らしい考えで、国家威信の向上とそれによる外交力の増大を意図する発想であろう。参戦により連合国内での日本の立場は強化された。また、いざとなれば武力行使も厭わない、断固たる国家意思と軍事能力を持つことを示し、そのような評判を獲得したことは、その後の外交交渉で威力を発揮したと思われる。二十一ヵ条要求の交渉最終段階で、日本側は最後通牒を発して袁政権に受諾を迫った。これに袁世凱が折れて、最後通牒を受諾したのには、このような日本の評判・威信があったためとも言えよう。また、あくまでも結果的にではあるが、戦後、日本は戦勝国、しかも五大国の一つとして、国際政治において大きな発言力を得るようになった。

# ドイツ領南洋群島占領と日英海軍の連携

## 太平洋とドイツ植民地

交戦国間で太平洋の中立化はなされず、戦いは太平洋にも及ぶことになった。ここではまず太平洋のドイツ領について見ておきたい。

### 太平洋のドイツ領

はじめの「帝国主義時代の東アジア」で述べたようにドイツは一八七一年の統一後、遅れて植民地獲得競争に参加し、一八八四年から一九〇〇年にかけて太平洋に植民地を確保した。時系列に沿って見てみると、ドイツはまずは一八八四年にカイザー・ヴィルヘルムスラント（ドイツ領ニューギニア）を保護領にした。次いで翌八五年には、ビスマルク諸島・北ソロモン諸島を保護領に加えた。またこの年にはスペインからマーシャル諸島（保護領）を購入した。さらに八八年には、そのマーシャル諸島にナウルを併合した。

次に動きがあるのは一八九八年のアメリカ＝スペイン戦争（米西戦争）後である。その前年九七年の秋、アメリカがスペインに対して開戦するという情報に接したドイツ皇帝ヴィルヘルム二世は、同じ君主国であるスペインを支援する考えを周囲に漏らしたこともあったが、ドイツ政府はカイザーの意向を巧みにもみ消した。米西戦争はアメリカの圧勝に終わり、太平洋の勢力図も変えた。アメリカはマリアナ諸島のグアムとフィリピン諸島を獲得した。ただし、アメリカはフィリピンで現地の革命勢力と戦うことになり（米比戦争）、凄惨な戦闘と弾圧の末、一九〇二年に革命軍を鎮圧した。また、一八九八年にはハワイ王国を革命で倒したハワイ共和国（一八九四年樹立）を併合して、アメリカ領とした。ドイツは米西戦争後の一八九九年にスペインから、カロリン諸島、パラオ、そしてアメリカ領のグアムを除くマリアナ諸島を買い取った。

さらにこの一八九九年の春、サモア王国では英米海軍が動き、ドイツが支持する国王を退位に追い込もうとする事件が起きた。このクーデターは失敗したが、カイザーは怒り狂い、祖母のヴィクトリア女王に激しく苦情を申し立てた。独英米の三ヵ国の協議で、サモアの王制は廃止となり、サモア諸島では東サモアをアメリカが領有し、西サモアは一九〇〇年にドイツの保護領となった。このように太平洋の島々は大戦前には、ドイツ・フランス・イギリス・アメリカといった国々が支配するようになっていた。

ドイツにとって海外領土の経済価値は高くはなかったが、ドイツ国民は植民地領有を世界列強というステータスの象徴として歓迎した。海外領土を守るためには海軍力が必要で、折からマハンの『海上権力史論』に刺激を受けていたカイザーは、大ドイツ海軍の建設に乗り出し、それはイギリスとの建艦競争を生み、独英は相互不信を深めた。

### 日米関係と日英同盟

日露戦争期まで日米関係は良好であったが、日露戦争後、サンフランシスコ市での日本人学童隔離問題（一九〇六年）や日米移民紛争（日本移民の差別と制限）が起こると、日米関係は緊張し、日米戦争論が論壇の一部を賑わした。日米戦争の可能性はほとんどなかったが、日英同盟により対米参戦義務が発生することを恐れたイギリスは同盟の改定を求め、グレイ外相・加藤高明《かとうたかあき》駐英大使間の交渉を経て、一九一一年七月にイギリスの対米参戦義務を除く形で日英同盟は改定された（第三回日英同盟）。

櫻井氏が指摘しているようにこの改定は、イギリスのみならず、「アメリカにとっても都合」がよく、日米関係にも「良い影響を与えるもの」であった。このような状況下で、第一次世界大戦が勃発し、アメリカ政府は太平洋の中立化と中国の現状維持に向けて動いたが、それが成功しなかったことは前の「国際問題としての日本参戦」で見た通りである。

### オーストラリアの対日警戒

太平洋のイギリスの自治領オーストラリアは一九〇一年に連邦を形成し、ニュージーランドは一九〇七年に植民地から自治領となり、ともにイギリス連邦諸国としてイギリスからの総督を置いたが、独自の政府を有していた。両国は第一次大戦時には連合軍を形成し、その陸軍の軍団は両国の頭文字からアンザック（ANZAC）と呼ばれた。

白豪主義を採り有色人種の移民を厳しく制限していたオーストラリアでは、黄色人種の勃興の脅威を説く「黄禍《おうか》」論と相まって、この時期には対日警戒論が盛んであった。これを荒唐無稽と断じる向きもあるが、人口を比較するとある程度は理解できる。当時の白人国家オーストラリアの人口は五〇〇万人で、五四〇〇万人近くとされる日本の人口のおよそ一一分の一である。日露戦争で日本軍は最大でおよそ一〇〇万人を動員しており、海を隔てているとはいえ一〇〇万の軍隊が押し寄せて来たら、人口五〇〇万人の豪州では太刀打ちできない。おまけに日本海軍は日露戦争で露海軍に完勝し、西太平洋では比類なき海軍力を有するようになっていた。

一方、豪州は海防をイギリス本国に依存しており、わずかな海軍力しか持っていなかった。さらに豪州にとって状況を不利にしたのは、本国イギリス帝国のドイツとの建艦競争である。ヨーロッパにおける対独の戦力比を一〇対六と優位に保つために、太平洋の軍艦はヨーロッパに回され、その分太平洋の防衛は日本に依存せざるを得なくなっていった。白豪主義の豪州にとって、アメリカ西海岸での日米移民紛争も他人事とは思えなかった。豪州でも、日本人が秘密裏に豪州北部に侵入・入植し、軍事支援を要請されたイギリスは同盟国日本の機嫌を損ねたくないと動かず、開拓者が組織した「白衛軍」のみが「白豪」を守るため日本人侵入者と犠牲的に戦うといった内容の『オーストラリアの危機』という著作が、一九〇九年に出版され危機意識を煽った。豪州政府も日本の動きを警戒していた。

# 日英独海軍の展開

## シュペーの意図

一九一四年六月に訓練と南洋群島の巡視のため太平洋に出ていた独東洋戦隊（シュペー戦隊）は英独開戦後は膠州湾《こうしゅうわん》に戻らず、太平洋に留まった。開戦前にシュペーが考えていたのは、まずは巡洋艦戦隊の機動性を最大限活用し、艦隊決戦は避け、通商破壊（敵の貨客船を攻撃したり鹵獲《ろかく》し、海上輸送を妨害すること）などで戦果を上げる「巡洋艦の戦い」であった。

戦前にジェラムのイギリス中国艦隊主力の巡洋戦艦一隻をチャーチルが本国に引き抜いたため、対英戦のみを想定した場合、中国近海に限ればシュペーはジェラムより多少優位であった。開戦が迫り、英海軍は実働していなかった戦艦トライアンフを慌てて再就役させることにしたが、艦員が不足しており香港守備隊からの志願で補うあり様だった。戦艦

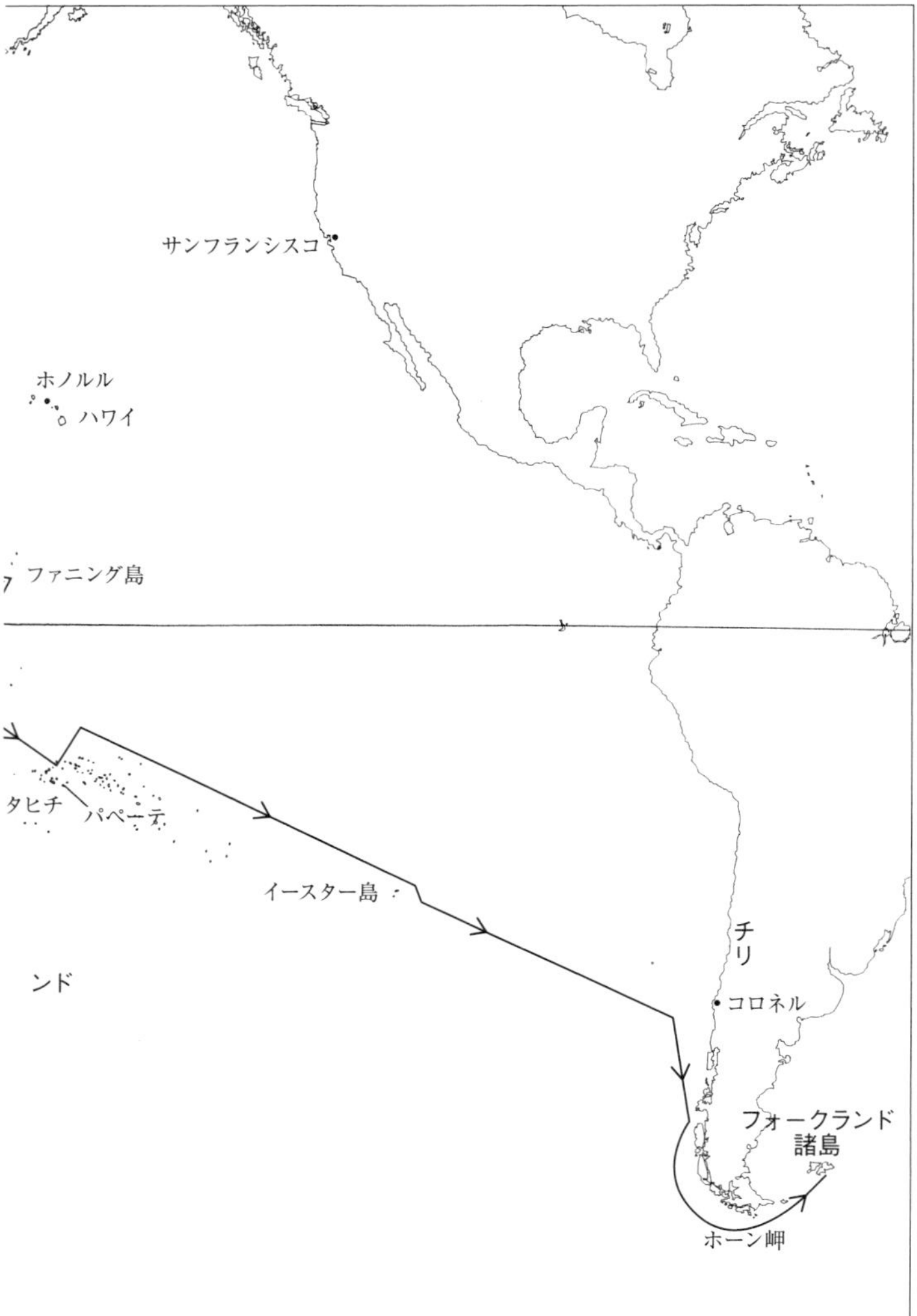


*War*, v.1, 2003. および Peter Lowe, *Great Britain and Japan, 1911-15*, 1969. より作成）

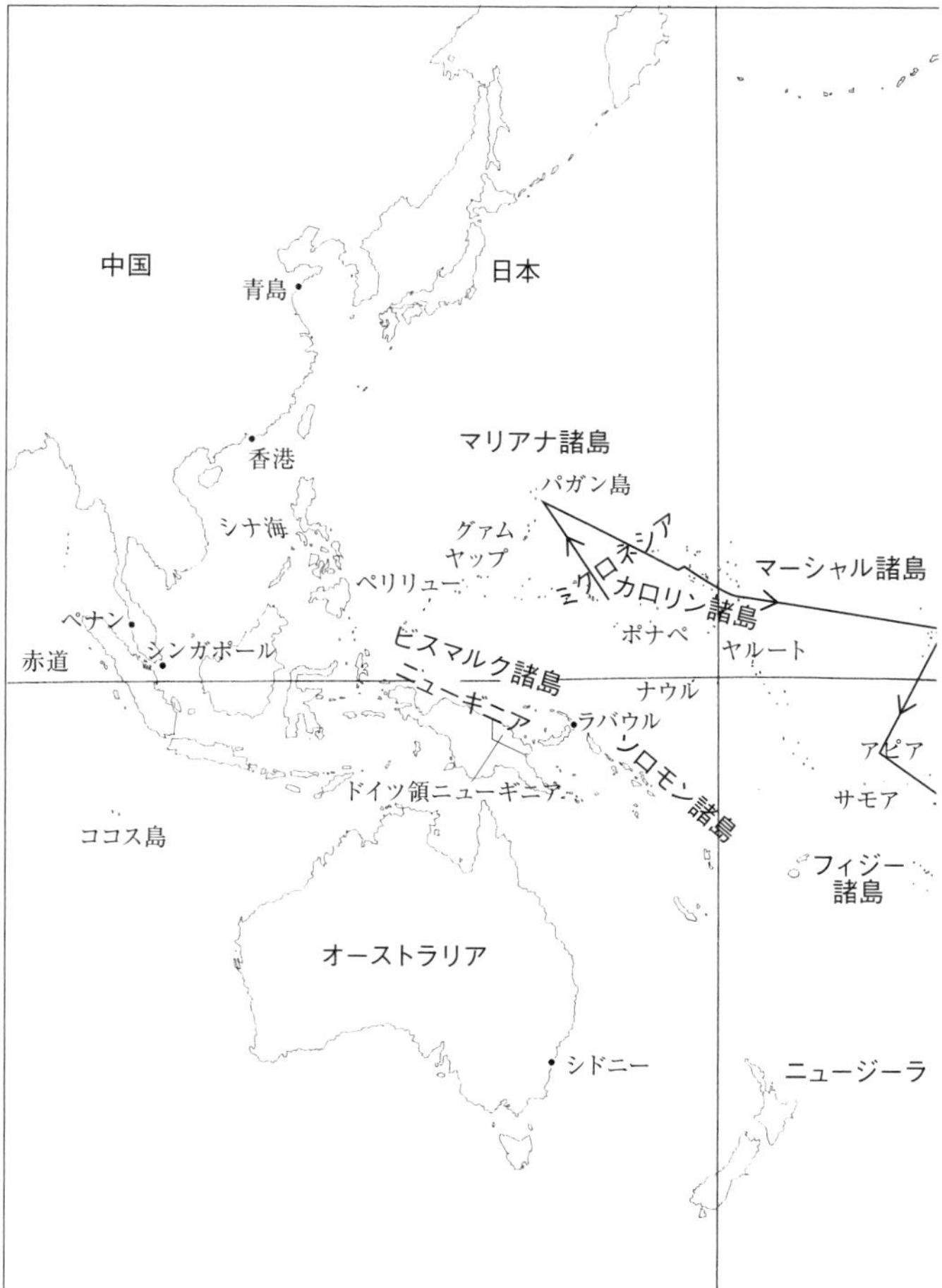


図13　太平洋とシュペー戦隊の航路（Hew Strachan, *The First World*

の復帰で火力は増したが、速度が遅くて巡洋艦に対処するには不向きだった。

しかし、参戦後、太平洋では英海軍の指揮下に、フランスの装甲巡洋艦二隻とロシアの旧式軽巡洋艦二隻が加わった。うち、仏巡洋艦モンカルムは戦力として期待できたし、これに最新式の巡洋戦艦オーストラリアを擁する豪海軍戦隊を加えれば、連合国側は優位である。一見すると日本海軍の支援は必要ないように見えるが、現実はそう甘くない。艦隊の戦力比は艦隊決戦を想定した話であるが、英海軍には太平洋・インド洋の通商の保護に加えて、アンザック軍やインド兵の中東などへの護送という重要任務も加わった。広い海域で守るべきものが多い分、「巡洋艦の戦い」に対応しなければならない英海軍は不利で、英海軍本部は純軍事的な観点から日本海軍の協力が必要と考えた。

## ジェラムの憤り

英中国艦隊司令長官ジェラム中将は、七月二十八日に対独戦の初期警報を受け取った。威海衛《いかいえい》にいたジェラムは、行方はわからなかったがシュペー戦隊の青島《チンタオ》帰投を阻止するため、開戦となれば揚子江《ようすこう》（長江《ちようこう》）河口沖に艦隊を集結させるつもりであった。ところが行方知らずのシュペー戦隊を恐れてパニックに陥っていた海軍本部は、三十日に緊急警報を発し、全艦隊の香港沖への集結をジェラムに命じた。ジェラムは「自分は正しい戦略的位置から九〇〇マイル《マイル》も離れて置かれた」と命令に憤ったが、従わざるを得ず、巡洋艦とともに香港に向かった。

後から考えると、揚子江河口沖に留まっていたら八月初めにいったん青島に戻った軽巡洋艦エムデンや、青島を出るリヤザンを改装した仮装巡洋艦や補給艦を捕捉できた可能性はあった。ジェラムは香港集結後、揚子江河口沖に別の艦船を送ったが、エムデンの出港には間に合わなかった。集結命令についてジェラムは後に「ひどく狼狽《ろうばい》していたので、まさに命令に不服従しかねなかった。いま考えると、そうすればよかったが」とコメントしている。

## シュペーの決断

シュペー戦隊の主力は、巡洋艦二隻と軽巡洋艦四隻であった。軽巡洋艦のうち一隻はアメリカにおり、もう一隻は急遽呼び戻される途中だった。戦隊は密かにマリアナ諸島のパガン島沖に集結した。パガン島は主要な航海ルートから離れていて発見されにくい上に、西太平洋の中央に位置しており、様々な作戦のオプションを実行に移すにも好位置だった。各地からの補給船も集まって補給・給炭を始め、エムデンも合流した。

そんな折、八月十二日、シュペーは青島から無線で日本参戦の事前警告を受けた。シュペーは青島を諦め、通商破壊をしながら本国帰還を目指すことにした。問題はコースであった。インド洋ルートは通商破壊の獲物は多いが、英中国艦隊に加えて英東インド戦隊にも追撃される恐れがあり、さらに戦隊に燃料の石炭を大量に補給する当てがなかった。その点、南太平洋ルートは、中立国のチリで給炭ができる見通しがあった。またアメリカに近いことから、日本海軍は深追いを避けるだろうし、中南米太平洋側の英海軍の戦力は軽微との情報もあった（実際にそうだった）。さらに、太平洋は広いので、敵の哨戒《しょうかい》・捜索ラインを避けて、発見されずに奇襲攻撃を加えることもできる。

八月十三日、シュペーは通商破壊や敵基地攻撃をしながら、中立国チリに向かう方針を艦隊の艦長らに説明した。このとき、エムデン艦長のミュラーは異を唱え、エムデンのみが単独行動でインド洋ベンガル湾に向かうことが認められた。エムデンはこの後、通商破壊で縦横無尽の活躍をする。

## ドイツの通信網

八月十二日、イギリスの装甲巡洋艦が、ドイツ領カロリン諸島のヤップ島の無線施設を攻撃した。ヤップは、ドイツの南太平洋の通信網の中枢で、ドイツの海底ケーブルは青島から中国沿岸を経由してヤップ島に達し、さらに東西の諸島に多少延びていた。ただ、海底ケーブルは切断や傍受されやすいため、戦時には無線が通信の主力であった。

この頃、ドイツ本国にはベルリン近郊の町ナウエンに無線電信局があり、通信範囲は半径五〇〇〇海里に達していた。日本までは届かないが、北京や青島はカヴァーできた。そこから各地の無線施設が中継して補い、青島からヤップ、ヤップからは通信範囲を重ねて、南太平洋の諸島につながっていた。

ヤップ島の無線通信施設が破壊され、ドイツの無線連絡は制限を受けたが、逆に傍受などでシュペー戦隊の行方を探る手がかりも少なくなった。もともとシュペーは、位置が推定される恐れがあるために艦船からの無線通信に慎重だった。彼は無線の代わりに軽巡洋艦をハワイに派遣して現地で新聞を購入して戦況を知ったり、一般の通信設備を利用して東太平洋にいる軽巡洋艦二隻にイースター島で合流する命令を伝えたりしていた。

## グレイとチャーチル

その頃、イギリス政府内では対日方針が必ずしも一致していなかった。日本海軍の太平洋進出を何とか抑えたいグレイ外相は、八月十五日の日本の最後通牒発出後、十八日［英］にイギリス政府の声明を一方的に公表した。声明では戦域制限に触れて、日本の行動は「シナ海を越えて太平洋に拡大することはないと理解される」とした。ただし「太平洋の日本の船舶航路を守る必要がある場合は」例外とも付け加えた。さらに「シナ海の西のアジアの諸海域を越えること」もなく、「東アジア大陸のドイツ占領地」（膠州湾）以外のいかなる外国の領土にも日本の軍事行動は及ばないと「理解される」とした。太平洋ではシーレーンを守る場合は例外であるが、日本のドイツ領南洋群島への進出は認めていないと解される。

声明は中国とアメリカを意識していた。とくにグレイはこの日、アメリカ大使に会って、この声明が「日本の行動の制限範囲」を示していると語った。声明は、日本との共同見解と受け取れる印象を与えるものだったが、グレイ自身は「日本政府はいかなる明確な誓約もしていないけれども」とグリーン駐日大使には正直に打ち明けていた。確信犯的に一方的な声明を発表したのである。この日、グレイはグリーンへの別の電報で「あまりにもたくさんのことが、たくさんの場所で進行していて、まったく困る。巨大な戦争に従事しているので避けられない結果である――戦争の局外にいる誰もがこの状況を利用しようとする」と愚痴った。

一方で同じ頃、チャーチルは異なる見解を示していた。カナダ政府から日本参戦を推奨すべきか問われたチャーチルは、「日本の参戦は、もちろん、太平洋を非常に速やかに絶対的に安全にするであろう」と述べて続けた。「日本の参戦に反対する宣言は、どのようなものであれ害をなす」。

## 日英海軍の協同と戦域制限解消

八月十八日にジェラムは、日本海軍に独東洋戦隊が南洋群島に集中しているという情報を伝えてきた。平間氏によれば、日本海軍はこの情報提供によりイギリス側の戦域制限が撤回されたという判断を固めたという。

八月下旬から、日本海軍は英海軍と連携し、一部は協同作戦に入っていた。なかでも巡洋戦艦伊吹《いぶき》と二等巡洋艦筑摩《ちくま》は、香港、さらにはイギリス側の要請でシンガポールへと回航し、英海軍の指揮下に入った。日本海軍軍艦が外国海軍の指揮下で行動するのは初めてのことで、筑摩はその後、インド洋のセイロン（今のスリランカ）まで索敵《さくてき》を実施し、伊吹は九月下旬に豪州西部に向かい、現地の警護に当たり、インド洋での索敵、中東に向かうアンザック軍輸送船の護衛をした。両艦には戦域制限は関係なかった。

日本海軍を当てにしていたチャーチル海相は、八月二十九日、グレイ外相に「地中海かどこかに戦闘小艦隊を送る準備」を日本政府に打診するよう提案した。グレイは九月二日［英］、井上勝之助《いのうえかつのすけ》大使にチャーチルの希望として地中海への艦隊派遣を問い合わせた。井上はグレイが日本海軍の行動範囲の制限を主張してきたことを指摘したが、グレイはそれは太平洋方面を意味し「地中海は別問題」と言い逃れをした。イギリスの矛盾は明らかだったが、ちょうどこの頃は西部戦線で独軍がパリ近郊に迫り、英仏には戦況は極めて厳しかった。九日に加藤は正式に政府決定として艦隊派遣を断った。

八月下旬に東部戦線のタンネンベルクの戦いで大敗を喫していたロシアは、この頃、日本陸軍に三軍団（七万名以上の兵力である）の派兵をイギリス経由で依頼することを画策していた。加藤はこれも拒否する意向をグリーン大使に漏らし、話は立ち消えになった。いずれにしろ、戦況の悪化により、連合国にとって日本の戦略的価値は高まっていた。

一方、太平洋では、豪州・ニュージーランド軍が素早く行動していた。赤道以南の太平洋のドイツ領では早くも八月三十日には、豪海軍に護衛されたニュージーランド軍一四〇〇名がドイツ領サモアに上陸し、抵抗を受けずに同島を占領した。九月九日にはオーストラリアの軽巡洋艦に乗り込んだ部隊が、ナウル島の無線基地を攻撃した。十一日に豪州軍は、ドイツ領ニューギニアに対する攻撃を開始し、十七日に独守備隊は降伏した。ここは、西サモアを除き、太平洋ドイツ領諸島の行政の中心地であった。こうして西サモアはニュージーランド軍、赤道以南にあるドイツ領ニューギニア・ビスマルク諸島・ソロモン諸島は豪州軍の占領下に入った。

他方、日本海軍は独東洋戦隊が南洋群島を根拠地としていると判断し、九月三日に南遣《なんけん》枝隊《したい》を編制した。九月七日、戦域制限撤廃（従って南洋進出）に消極的であった加藤外相が、南洋における在留邦人の保護に海軍の力が必要と漏らしたという情報に接すると、海軍は南遣枝隊の出動を決めた。九月下旬には英海軍は外交ルートを通さずに、日本海軍に艦隊派遣の要請をするなどしていた。軍事的必要が外交的配慮に勝り、平間氏の表現を借りれば、戦域制限は「うやむやのうちに解消」されたのである。ただし、この段階で日本海軍は、赤道より北の南洋群島の占領は控えていた。

### シュペー戦隊とエムデンの活躍

シュペー戦隊は九月七日、イギリス領ファニング島（ハワイの南南西で赤道近く）の無線中継局を破壊し、十四日に敵艦を探しているところをサモア沖で目撃された。シュペーは、二十二日にフランス領タヒチ島（南太平洋のほぼ真ん中）のパペーテを砲撃し、これにより英海軍は、シュペー戦隊が中南米に向かっていることをようやく察知した。

一方エムデンは九月五日にインド洋ベンガル湾に入り、次々とイギリスの貨物船を沈めた。ただ国際法に則り乗組員の生命を尊重したので、その行動はドイツ・オーストリアのみならず連合国にも称賛された。二十二日には南インドの東側のマドラス（現在のチェンナイ）に夜襲を仕掛け、石油タンクを破壊した。イギリスの威信は低下し、またイギリスの警戒措置によりベンガル湾の通商はマヒした。エムデンはその後も通商破壊で目覚ましい戦果を上げ、十月二十八日にはイギリス領マレーのペナンを襲い、ロシアの巡洋艦を撃沈した。

エムデンの活躍は各国の新聞を賑わせた。ジークムント・フロイトも報道に胸を躍らせた一人だったが、十一月九日、豪海軍の軽巡洋艦の急襲を受けてエムデンは大破され座礁し、フロイトも落胆した。ミュラー艦長は捕虜となったが、部下の一部は中東を経てドイツに帰還した。

一方、シュペー戦隊は十一月一日にチリのコロネル沖で、英西大西洋南米戦隊を撃破して大西洋に回った。シュペーは大胆にもイギリス領フォークランド諸島に攻撃しようと近づき、待ちかまえていた英巡洋戦艦に追撃されて戦隊はほぼ壊滅されてしまい、シュペーも戦死した。

# なぜ日本海軍は南洋群島を占領できたのか

## 日本海軍による諸島の占領

九月二十三日、日本海軍の要請を受けて、ジェラムは太平洋の戦域として赤道以南を豪海軍、赤道以北と以南の一部を日本海軍の二つの南遣枝隊とで分けることに合意した。これにより日本海軍の南洋群島占領の道が開けた。

シュペー戦隊を追っていた南遣枝隊は、九月の終わりにヤップ島やヤルート島を一時占領するなどしたが、占領継続は避けた。ところが十月一日、日本側には豪艦隊がラバウルから北上しているという情報（結果的には誤報）が入り、日本政府としても態度を決めなければならなくなった。海軍は以前から南洋群島占領に強い意欲を持っており、それを受けて八代六郎《やしろろくろう》海相はもともと懇意な加藤外相と事前に打ち合わせをしていたようだった。

旭旗飜る南洋群島

南洋群島占領に就きて

海軍次官 海軍少将 鈴木貫太郎

図14　南洋群島占領を伝える雑誌『海軍』（1914年11月）

また予算獲得問題が、この時期の八代を後押ししたという説もある。二日に八代は閣議で、南洋群島占領を諮った。問題となったのは、占領を一時的にするか、永久占領とするかであったが、とりあえず一時占領として、永久占領の問題は戦後の決定に委ねることにし、占領の方針は閣議決定された。日本海軍の諸島占領は日英海軍間で協議した取り決めに従うもので、イギリス外務省は半ば黙認していたようだった。

十月三日、日本海軍は、二つの枝隊に南洋群島の要地の占領命令を発した。独東洋戦隊もおらず、現地の抵抗もなく、二隊の南遣枝隊はそれぞれ迅速に占領を進めた。早くも三日には、第一南遣枝隊はヤルート（マーシャル諸島）を占領し、次いで五日にはクサエ（カロリン諸島東端）、七日にはポナペ（カロリン諸島）を占領した。

第二南遣枝隊は、七日に戦略上重要なヤップ（カロリン諸島）を占領した。ヤップ島では前に英海軍が破壊したはずの通信施設が復旧していた疑いがあり、ジェラムから確認の申し出があった。果たして測量船の通信設備が陸揚げして使われていたが、ドイツ側はこれを自ら破壊し、測量船も自沈させた。

第二南遣枝隊はさらに十月八日にパラオ（カロリン諸島）、九日にアンガウル（カロリン諸島）、十二日にトラック（カロリン諸島）、十四日にサイパン（マリアナ諸島）を占領した。占領が進むなか、日英外務省はともにアメリカの世論の反発を懸念していたが、それは予想したほどではなかった。

### ヤップ問題と外交危機

占領した島々のなかで、最初に英海軍が攻撃したヤップ島のみ、日本政府はイギリス連邦に引き渡してもよいと考え、加藤外相は海軍の了解を得て、十月十日にイギリス外務省に豪州軍が駐兵する意思があるか問い合わせた。イギリス外務省に意見を聞かれた海軍本部は、豪州軍が交代占領する必要はないと返答したが、外務省内では意見は分かれた。グリーン大使は日本の世論を懸念し、今後の日本の支援を確保するためにも諸島引き渡し要請は差し控えた方がよいのではと考えていたが、本省内には豪州やアメリカの反発を懸念する意見があり、そちらが勝った。グレイは、日本の支援に感謝しつつ、豪州軍の交代占領の意向を日本側に伝えた。

イギリス自治領との窓口になる植民地省の大臣ハーコートも、豪州軍のヤップ交代占領を支持し督励もしていた。チャーチル海相は軍事的に見て日本海軍を追い出す必要はないと十月十八日にハーコートに伝えていたが、その意見は通らず、豪軍の交代占領で話は進んだ。

ところが十一月半ば過ぎに問題が生じた。十一月十七日に豪州総督はハーコートに、二〇〇〇名の豪州軍遠征隊が「ヤップと他の諸島を占領する日本軍と交代するため」（傍点筆者）二十六日にシドニーを出発する予定であると伝えた。これはもちろん日本側は知らなかったが、新聞でも十八日、豪州国防大臣が、日本が「ヤップとそれ以外の島々」も引き渡すと公表したため、日本外務省も知ることになった。加藤は何か「誤解」が生じたとして、グレイに働きかけた。当初はヤップに隣接するアンガウルのみが問題と考えていた節もあるが、日本占領下の全島に及ぶ話で大混乱が生じる恐れがあった。グレイは二十三日にハーコートに、日本側と合意に達するまで「ともかくオーストラリア人は手控えなければならない。悲劇的な仲違いの種はたくさんある」と懸念を伝えた。ハーコートは二十四日、豪州総督に「赤道以北のいずれの諸島にも進むべきでない」と打電した。「いずれの諸島にも」というからにはヤップ島も含まれる。遠征隊の出発は延期された。

グレイはとりあえず豪州政府にストップをかけたが、例によって粘った。グリーン大使に、日本海軍による島々の占領状況を把握した上で、豪州遠征隊が日本に占領されていない島を自由に占領できるよう交渉を指示した。豪州にも配慮した妥協策であった。

これに対して十二月一日付けの覚書で加藤は、日本海軍が占領している「マリアナ・ペリリュー・カロリン・マーシャル」諸島のいずれも、豪州遠征隊が訪問することは望まないと釘を刺した。ただし、ヤップ島引き渡しの方針は維持した。一方で加藤は国民が「赤道以北のすべての諸島」の永久的保持を望んでいることから、戦後処理の際のイギリスの支援を要請した。グレイは支援の確約は避けたが、ドイツ領の帰属の問題は戦後の合意にかかっているとした。また、加藤に赤道以北に豪遠征隊は進まないと伝えた。

十二月三日、ハーコートは豪州総督に「戦略的な理由から、当分の間」日本軍が諸島を「占領し続けるのを認めるのがもっとも都合よい」と最終結論を伝えた。イギリス本国政府は豪州に、ヤップ島を含む赤道以北の島々の獲得を諦めさせたのである。ヤップでの交代占領も実施されなかったが、これは現地で不測の事態が起こることを避けたかったためともいわれる。

豪州政府はなぜ赤道以北も占領しようとしたのか。豪州国防相が電文の一節を読み間違えたという説もあるが、むしろ豪州側はそれが当然と認識していたと考えた方がよさそうである。ハーコートは早くも八月二十五日に、日本政府から「太平洋のドイツ領諸島といった領土を獲得する意向はないと秘密の保証を受けている」と豪州総督に伝えていたし、同じ頃大隈重信《おおくましげのぶ》首相も領土的野心がないことを強調していた。ただもっと本質的な理由は、ドイツ領太平洋諸島（西サモアを除く）を統括するドイツ総督が豪州に対して正式に降伏していたことであったろう。これでドイツ総督の管轄下のすべての諸島が豪州に占領されてしかるべきと、豪州政府は考えたのである。「誤解」と言っても、それなりに理由はあったのであり、実は加藤外相はこのことに気づいており、グリーンとの会話で言及してもいた。

ヤップ島は北太平洋のドイツ領諸島の政庁所在地で、三つの海底ケーブルがある戦略上の重要地点でもあった。本国政府のヤップをめぐる対応は豪州政府にとって大変なショックであり、対日不信のみならず、対英不信も増した。その点では日英豪三つ巴の関係において、ニッシュ氏がいうように「深刻な外交危機」であった。おまけに戦後、ヤップ島の領有をめぐって、日本とアメリカは激しく対立することにもなる。

## 南洋群島占領の理由と原因

平間氏の研究によれば、日本海軍が南洋群島を占領しようとした理由は、すでに仮想敵国となっていたアメリカに対する国防圏の拡大、海軍の南洋発展論（南進論）の推進、さらにはシーメンス事件で失墜した海軍の威信の回復などであった。また、国民レベルでも、戦前から南方発展論とも言われる南進論があり、主たる対象は東南アジアであったが、南進は明治以来の国民的な願望でありロマンでもあった。それが思いがけない形で実現するチャンスを得たのである。世論も南洋群島占領を強く後押しした。

なぜ日本海軍の南洋群島占領は可能になったのか。ロウ氏は明快に「太平洋における英海軍の弱さに根本的な責任がある」と述べているが、さらに大局的に見ると、ヨーロッパ戦線での苦境が大きく影響したように思われる。イギリス政府は、すでに見たように九月初めに地中海への日本海軍派遣を要請し、十一月初めには日本陸軍二五万名の兵員派遣を依頼していた。いずれも断られたが、将来、日本に陸・海軍の軍事協力を依頼することもあり得るので、日本側に配慮する必要は否応なく増していたのである。

そのことを如実に表しているのが、チャーチル海相がヤップ島引き渡し問題に関連して十月十八日、ハーコートに送った私信で、チャーチルは強い調子でこう書いた。「この重大時に我々が日本軍を追い出すことを必要とする軍事的な理由はどこにもないと思える。オーストラレーシア諸政府［豪州・ニュージーランド政府］が我々に行動するよう圧力をかけているとも私には推測できない。それとは逆に、我々が彼らに圧力をかけているように思われる。海軍本部は、日本が疑念や不快感を持つ恐れがある、日本に対するいかなる行動も強く非難するだろう。我々は彼らの力強く気前のいい支援から恩恵を得ている」。

グレイは嘆いていたようだが、やはり戦時下には戦略と最終的な勝利が何にも増して優先されると言えよう。

南洋群島占領で、日本海軍はアメリカとの関係をどう考えたのだろうか。鈴木貫太郎海軍次官（後の首相）は、ヤルート島占領後、雑誌『海軍』（一九一四年十一月号）に寄稿し、この占領は独海軍に対応するためのやむを得ない「軍事的行動」で、このことに対する「米国の意向奈何《いかん》は毫《ごう》も懸念するの要なし」と強気だった。

アメリカはどうだったろうか。一例ではあるが、青島の日本軍に従軍したアメリカ人記者ジェファーソン・ジョーンズは、一九一五年に出版した著作のなかで、万が一、日本がアメリカと戦争する場合、これらの諸島は非常に重要な役割を果たすかもしれず、「合衆国所有の植民地、すなわちハワイ、グアム、フィリピン諸島との間の交通の妨げとして利用され得る」と述べた。

ジョーンズの懸念は、四半世紀後にある意味で現実化する。一九四〇年の秋から、日本は南洋群島の軍事基地化を始めた。太平洋戦争では、開戦直後の一九四一年十二月八日朝、南洋群島パラオから飛び立った日本海軍急降下爆撃機がフィリピンのミンダナオ島ダバオ湾を爆撃し、フィリピン米軍最初の戦死者を出した。これが西太平洋での日米の死闘の始まりだった。その後、旧ドイツ領を含む南太平洋は日米の激戦地となった。

# 青島の戦いの実相

# 開戦前の青島の戦闘準備

青島《チンタオ》をめぐる戦いは、一九一四年八月の海での戦闘に始まり、陸では九月二日の日本軍の山東《さんとう》半島上陸から十一月七日に独軍が降伏するまで続いた。

## 青島の戦いを記した史料

日独で公式戦史が出されているが、本書では、公式戦史を補う形で、当事者が残した著作や記録、さらに戦役後の一五年三月に独立第一八師団司令部が陸軍次官に提出した「大正三年戦役に関する意見」（以降、司令部「意見」）や他に航空隊や鉄道連隊の意見書を参照する。司令部「意見」は戦役で生じた問題点の改善提案を主としているが、そのために率直な内容で戦闘の特質・問題点など、戦いの裏側が垣間見える。これらによって、できる限り日独英の三者の視点から、この戦いの実相を明らかにしたいと思う。また個別の武勇伝の類は真偽不明の場合も多いが、象徴的でもあるので盛り込んだ。もちろん既存の研究、とくに斎藤聖二、チャールズ・B・バーディック、ジョン・ディクソン、チャールズ・スティーヴンソンの各氏の研究に負うところ大であることも強調しておきたい。

## 青島の楽観と日本参戦

七月の青島はヨーロッパ人のヴァカンスで賑わっていたが、ヨーロッパ情勢の緊迫を受けて観光客も消え、フランス人およそ三〇名も慌ただしく去った。イギリス人は五〇名ほどが情勢を見守って少し長く留まったが、開戦前に青島を去った。日本人は残っていた。

八月初めに露仏英と開戦したことで、青島のドイツ人は熱狂し、楽観的でもあった。自分たちが戦争に巻き込まれるとは思っていなかったのである。なかには戦争が終わる前に母国に戻って戦闘に加わりたいと考える者さえいた。現地では様々な噂が飛び交い、イギリスが全面的な攻撃を仕掛けてくるという話もあったが、アメリカがドイツを支援しにくるとか、日本が中立を維持するのは確実といったものもあった。

一方、八月一日の青島での戒厳令布告を受けて加藤高明《かとうたかあき》外相は、名目は「居留民保護」として宗村丑生《むねむらうしお》書記生を現地に派遣した。加藤の八月四日付けの電報では、宗村の第一の任務は軍艦の動静と軍事施設や一般状況の視察といった「諜報活動」であった。日本参戦の動きが急速に進む前だが、陸海軍が三日に作戦案の準備を始めたことを考えると早すぎるともいえない。宗村は戒厳令下の青島に入り、日独が開戦する二十三日の直前まで情報収集に当たり報告をまとめた。

　バーディック氏の研究では、ヴァルデック総督は、八月七日頃に日本参戦の懸念を持ち始め、フォラートゥン海軍大佐を北京に派遣して情報収集に当たらせた。彼はベルリン勤務の海軍省膠州《こうしゅう》課長だが、出張で青島に来て帰りそびれていた。彼が知ったのは、「あらゆる状況下において、日本は青島を参戦の口実にするだろう」ということだった。それを裏付けるかのように、青島の二五〇〇人あまりの日本人住民は、商売を畳んで、青島から脱出し始めた。

　八月十六日、ヴァルデック総督は日本の最後通牒の内容を知らせる東京からの電報を受け取った。総督はすぐに対策会議を開き、最後通牒の期限切れまでの一週間、できる限りの軍事的な準備をすることとし、十八日、カイザー宛に青島を死守する旨の電報を打った。総督は、婦女子と子どもを退避させることを決め（若干の看護婦は残った）、陸路で天津《てんしん》に向かわせた。残った避難者は手配された汽船に乗り、劣悪な環境に悩まされながらも八月下旬に何とか天津に到着した。

## 籠城戦の準備

　露仏英に加えて日本も参戦することになり、ヴァルデック総督は急いで籠城戦を準備した。籠城戦に欠かせないのは食糧であるが、調べてみると少なくとも半年分あることがわかった。それでも総督府は食糧や家畜、飼料を買い漁り、一年分を備蓄した。日本側でも宗村が、「ドイツ官憲」による食糧の買い占め、備蓄状況、外からの流入で食糧不足にすぐに陥ることはないと報告していた。総督府は他に自動車を徴発し、ガソリンも確保した。

総督府の悩みの種は、現地の中国人労働者だった。戒厳令の布告後、市内の銀行では中国人が貯金の引き出しに殺到し取り付け騒ぎが発生した。当局の措置で騒動は鎮静化したが、次には軍事・港湾施設で運搬や荷役作業に当たっていた中国人が多数、列車で青島から脱出を始め、鉄道会社は特別列車を仕立てるほどだった。中国人労働者の流出は基地機能を低下させる深刻な問題で、強制収容施設を設ける案まで浮上したが、さすがにそれはせず、事務所を設けて高賃金を提供して引き留めを図ることにした。中国人労働者の何割かは戻ってきた。先の宗村も中国人「苦力《クーリー》」が八月十九日の時点で従来の半分の一五〇〇人に減少し、賃金が五割増額となったと報告していた。

### 独軍の情報・諜報網

大戦勃発により、ヨーロッパと東アジアの通信はかなり滞った。ヴァルデックは、膠州湾租借地でも通信がネックとなると予測した。租借地と海外をつなぐ二本の海底ケーブルは当てにならず、上海ケーブルは八月半ばにイギリス船に引き上げられ、やがて芝罘《チーフー》とのケーブルも発見され切断された。

総督は、フォラートゥン大佐を情報収集体制の整備に当たらせた。大佐は無線に期待したが、北京駐在の陸軍武官や天津滞在のアメリカ人教授を使っての無線通信計画はうまくいかず、最終的には上海の中国人向けに無線設備を備えた小さな沿岸蒸気船を利用したという。司令部「意見」によると、日本軍も「敵と通信する第三者たる無線電信通信所」の存在を把握していたが、その位置を特定することはできなかったようである。この蒸気船だったのだろうか。

さらに、フォラートゥン大佐は、山東半島に秘密エージェントによる軍事諜報網を張り巡らした。そのもとになったのは、現地職員の中国人とドイツ人が協力しあっている税関であった。エージェントの拠点は、龍口《りゅうこう》・即墨《そくぼく》・労山湾《ろうざんわん》・威海衛《いかいえい》という重要地点を網羅していた。情報は徒歩の伝達要員や、伝書鳩で伝えられた。そうして青島の独軍司令部は、戦時としては比較的正確で絶え間のない日英軍の情報を得ることができたという。

## 中国人村の焼却と守備力強化

独軍工兵部隊は、攻めてくる敵を迎撃するのに邪魔になる樹木を伐採し、切り株に鉄条網を巻き付けるなどした。問題となったのは要塞前面にある中国人の村々だった。独軍は防御の障害になる二つの中国人村を、村民を避難させた上で強引に焼き払った。建物の所有者には損害賠償がなされた。

また、工兵部隊は、要塞地帯のなかの弱点と考えられるドイツ側右翼（黄海側《こうかい》）の強化を図り、海岸からの上陸に備えて海のなかに鉄条網を張り巡らした。他の場所でも鉄条網を拡張し、鳴り子の装備や自動照明も設けた。さらに地雷を急造し、およそ五〇〇個を埋設したが、埋めた場所の情報が漏れるのを恐れて中国人は使わず、すべてドイツ兵が作業した。

独軍は、守りの中心となる武器の火砲をかき集め、天津から運ばれた榴弾砲《りゅうだんほう》と野砲は元より、訓練用の砲、鉄道車両や船の砲、さらには答礼儀典用の旧式砲まで用いて、一八基の砲台を新たに設けた。ただ、集めた砲の大部分は、小口径で旧式であった。青島に寄港していたオーストリアの巡洋艦カイゼリン・エリーザベトは装備・性能に劣り海戦向きではなかったので、一五糎《チセン》砲二門を外して要塞に配置し、砲担当の将兵は砲台に移り、残りの水兵は志願兵として歩兵中隊に入った。制服は独軍から借りた。このように厳密に言えば青島の防衛軍には四〇〇名ほどのオーストリア兵も加わっていたが、本書では独軍で統一する。

問題なのは砲弾の不足で、とくに守る独軍にとって最も頼りになる榴散弾重砲の砲弾は、調べてみるとかなり不足していた。シュペー戦隊が残した軍艦用の榴散弾はあったが、口径が数粍《ミリ》厚かった。そこで危険な作業ではあったが、砲弾を鑢《やすり》状の器具で削ったという。他にも砲弾不足を補うために、訓練用の砲弾に軍艦用の弾薬を詰め替えたりしたが、弾薬の質が変わり射撃に誤差が生じ、砲兵が苦労したともいう。かくのごとく様々な工夫がなされたが、砲弾の絶対数の不足は如何ともしがたかった。

むろん青島の独軍の砲弾不足は、他からの砲弾供給が期待できないという特殊事情によるものである。一般に第一次世界大戦で砲弾不足の問題が深刻になるのは、戦争初期の機動戦から、じっくりと目標を砲撃できる陣地戦に移ってからといわれる。また、防御を施した要塞・堡塁を攻撃する陣地戦で有効だったのは、高性能炸薬を用いる榴弾であった。

一方で榴散弾は、目標手前の上空で破裂して球状の散弾を投射するもので、防御が手薄な相手に対しては有効な砲弾であった。青島攻囲戦でも、十月十日の夜から翌朝まで二一三〇発もの独軍の「実に有効なる榴散弾」に悩まされたという日本軍砲兵の記録がある。そうは言っても前述の通り、独軍の榴散弾の数は限られていたので、それで日英軍は助けられることになる。

# 青島沖の海での戦い

## 独英の青島沖海戦

青島の攻略は陸戦が中心であったが、海でも様々な戦いがあり、最初の戦闘は海であった。独海軍は防御のため機雷を敷設したが、八月二十二日、その護衛に出た独駆逐艦（独海軍の艦種では水雷艇）S–九〇（四〇〇トン）が、夕刻にイギリスの駆逐艦と砲撃戦を展開したのである。駆逐艦同士でも攻撃力で勝る英艦が優位で、バーディック氏の表現を借りれば、S–九〇の砲撃は「子犬のキャンキャン」という鳴き声のようで、英艦の砲撃は「怒ったブルドッグの吠え声」のようだったという。ただ、S–九〇は船体が小さく艦高も低かったため砲撃する側には狙いにくく、しかも戦いの初めに首尾よく砲撃で、英艦に七発も命中させた。

青島要塞の兵士や総督も観戦するなか、砲撃を交わしながらS–九〇が逃げ、英艦が追い、不利であったS-九〇は岩が見える危険な海面を通過し、座礁を恐れて迂回した英艦を振り切った。陸の砲台からの援護砲撃で水柱が上がり、英艦は追撃を諦めた。S-九〇に死傷者はなかったが、英駆逐艦では戦死者三名、負傷者六名を出し艦長も負傷していた。

## 日本海軍との小競り合いと青島封鎖

日本の宣戦布告を受けて、独軍は早い段階で日本軍が全力で攻撃してくる可能性もあると警戒していた。日本海軍が現れたのは二十七日早朝で、ドイツ側は大型艦三隻を含む十数隻を目にした。要塞では砲撃を準備したが、艦隊は沖合の独軍要塞砲の射程の外で停止し、司令官加藤定吉《かとうさだきち》は使者を送ろうとしたが拒否された。そこで加藤司令官は、無線で膠州湾租借地全体の封鎖宣言（二十七日付け）をヴァルデック総督に送った。戦時の沿岸の封鎖は国際法で認められた措置で、中立国の船舶は二四時間以内に湾内から退去することが許され、それ以降は封鎖する側は海上からの物資の供給や交通を遮断できる。日露戦争では旅順《りよじゆん》に対して封鎖宣言がなされた。

その後、日本海軍の駆逐艦二隻は小島に近づき、砲撃の後にボートで部隊を上陸させ、監視所・無線基地・灯台などを設置した。青島要塞からこけおどしの砲撃があって遠いところに水柱が上がると、駆逐艦はそそくさと去っていった。「こんな半ばコミック的なやり方」で、両国は交戦を始めたとバーディック氏は述べている。日本海軍はこの島を拠点に封鎖線を引き、機雷の掃海と新たに自分たちの機雷の敷設を実施する。

また、日本海軍は水上飛行機四機で航空隊を組み、陸軍に先んじて、九月五日に青島要塞を偵察し、無線電信信号所と兵営を空爆した。日本海軍航空機初の実戦使用であった。航空隊の母艦は若宮丸《わかみやまる》で、水上に機を下ろして発進と回収をした。ところが若宮丸は九月三十日、労山湾で触雷し、沈没を避けるため浜に座礁をよぎなくされた。航空戦力に損害はなかったが、若宮丸は修理のため日本に戻された。掃海したはずの労山湾では他にも小型船舶の触雷による沈没があり、中国人の関与を疑った日本軍は近辺の中国人ジャンクをすべて破壊した。母艦が無くなった海軍航空隊は、海岸に拠点を移して出撃を続けた。

## 高千穂の撃沈

十月十七日の夜中、独駆逐艦S-九〇は、日独双方の機雷が敷設されていた膠州湾の港口（港の入口）を夜陰にまぎれて静かに抜け出て、封鎖の任務に当たっていた日本海軍の二等海防艦高千穂《たかちほ》（三七〇九トン）にこっそりと近づいた。排水量では九倍の相手である。ただ、高千穂の艦齢は二八年で、日清戦争当時は最新鋭巡洋艦であったが、その頃は旧式の海防艦として使われていた。S-九〇は、三〇〇〜五〇〇メートルの至近距離から魚雷を三本、高千穂に向けて発射し、いずれも命中させた。高千穂はわずかの間に沈没した。奇襲であったため乗組員二八四名のうち二七一名が戦死した。青島の戦いで日本海軍の戦死者が多いのはこのためである。S-九〇はすぐに無線で戦果を伝えたが、海外では（ドイツでも）高千穂は触雷で沈んだと当初は報じられた。

攻撃に成功したS-九〇は日英海軍に追われ、湾内に戻れず遁走《とんそう》した。何とか南に逃げたものの、燃料が尽きるのは時間の問題である。艦長はS-九〇を青島から一〇〇キロほど南の山東省南東部の海岸に座礁させ、敵に利用されないよう船尾を爆破した。

S-九〇は戦闘区域外で座礁し、乗組員は中立国中国に逃げ込んだので、その処遇は外交問題に発展した。日本海軍はS-九〇を接収しようとしたが、中国外交部の抗議を受けて諦め、艦体は中国政府の管理下に置かれた。また乗組員は武装解除されて南京に移され、行動を制限されて拘留された。やがて彼らは、中国の連合国側に付いての参戦（一九一七年）で捕虜となった。

# 陸軍上陸から総攻撃前まで

## 日本陸軍攻囲軍と独軍

海での戦いについて述べたが、青島の戦いの主力はもちろん日本陸軍である。陸軍参謀本部は、八月三日から兵力編制案を練り始め、七日の閣議決定を経て、十日には案を完成した。青島を攻囲（取り囲んで攻めること）する日本軍の基幹は、久留米《くるめ》第一八師団となった。師団とは、司令部の下で独立した作戦行動が取れるよう各兵科（歩兵・砲兵・工兵といった区分）の兵を揃えた陸軍の部隊編制の単位で、久留米第一八師団には通常より多い約二万一〇〇〇名がいたという。ただこれに砲兵などの諸部隊が加わり、青島攻囲軍は独立混成師団として編制された。また、作戦も八月二十一日には下令されていた。

この攻囲軍では砲兵力が強化され、攻城重砲・山砲・野戦重砲などの連隊・大隊・中隊が参加していた。また、航空隊や、青島鉄道の占領を企図した部隊、軽便《けいべん》鉄道を敷設する鉄道大隊なども含まれた。斎藤氏のまとめによると、後に加わった部隊も含め総員五万一七〇〇名で、うち前線戦闘員は約二万九〇〇〇名であった。この青島攻囲軍は、師団よりも独立諸隊の人数（約三万名）の方が多く、師団から見ればオマケの部分の方が大きいという「奇観」を呈する巨大な独立混成師団となった。

一方、青島の独軍の兵員数は、当時は日本軍には正確な人数はわからなかったが、四〇〇〇〜八〇〇〇名と見積もられていたという。実際の青島の独軍兵力は、通常定員で約三〇〇〇名の第三海兵大隊と、第五砲兵部隊、天津派遣軍や予備役兵、さらにオーストリア水兵も加わり、混ぜ合わせという意味ではこちらも「混成」で、開戦時は（諸説あるが）およそ五〇〇〇名であった。

攻撃力の目安となる砲火力では、砲門数は日本軍が重砲九六門、軽砲四二門の計一三八門であった。砲火力については、守備側の一・五倍以上が攻める側には望ましいといわれ、実際の独軍の砲は一二二門で予想以上であった。しかし、先にも述べたように独軍の砲は多くが旧式で性能も劣り、砲弾数も限られていた。単純に砲門数だけで比較してもあまり意味はなかった。いささか皮肉なことに、日本軍の砲の多くはドイツのクルップ社製か、そのライセンス生産品であった。その点からすると青島の独軍は、自国製の砲の威力をまざまざと知らされることになるのである。

### 日本陸軍のベストメンバー

　日本陸軍は青島攻囲軍の人事で柔軟に対応したという。司令官は第一八師団の師団長の神《かみ》尾《お》光《みつ》臣《おみ》中将であった。独立混成師団を「軍」というより大きな単位とすると、神尾の上に軍司令官（大将）を置く必要が出てくる。斎藤氏によれば、陸軍は神尾の経験・手腕・能力を高く評価していたので、屋上屋を重ねて神尾が指揮をしづらくなることを避けたという。神尾は、西南戦争、日清戦争、日露戦争に従軍し、清国駐屯軍司令官なども務め、「陸軍将官中三本の指に入る中国通」であった。

図15　青島戦役中の神尾光臣（右）と山梨半造（『大正三年日独戦役写真帖』東京偕行社，1915年）

　当時の日本陸軍は独陸軍の「弟子」とも呼ばれ、とくに参謀本部の幹部はドイツ留学経験者で占められていた。相手の独軍について詳しい人材は豊富であったが、そのなかで師団参謀長に抜擢されたのが山梨《やまなし》半《はん》造《ぞう》少将であった。山梨はドイツ留学、ドイツ公使館付武官を務めた経験もあるドイツ通で、参謀本部総務部長を務めていたが、それを兼職する形で師団参謀長となった。

この青島攻囲軍の強みの一つは、山梨のみならず、派遣軍兵站《へいたん》部長を参謀本部の課長が兼任するなど、斎藤氏が言うように参謀本部と意思疎通が十分はかれる派遣軍であったことである。もう一つの強みは、神尾中将をはじめとして、派遣軍の幹部や将校・下士官に日清・日露戦争で実戦を経験した者が多くいたことであった。三番目の強みは、中国通の神尾司令官とドイツ通の山梨参謀長のベストコンビであったことである。ただ、神尾・山梨といえども、「奇観」と称されたこの巨大な独立混成師団を指揮することは容易でなかったようだった。司令部「意見」には、今回は要塞戦で大きな弊害はなかったと断りながらも、司令官が統帥《とうすい》（軍隊を統率・指揮すること）した単位が二〇以上に及び、「円満」に統帥することが困難であったことを示唆し、無理な編制では統帥上も無理を来たすと釘を刺していた。山梨も相当の切れ者であったことは十分わかるが、戦役中とその後も事務仕事に追われたようで、司令部「意見」でも上申決済に煩わされた様子が窺える。

## 中立除外地域問題

陸軍参謀本部は、青島攻囲軍の作戦を立案し、陸軍省や海軍軍令部に照会し同意を得た後、八月二十日に裁可を受けて二十一日に下令した。司令部「意見」には、「今回の対独作戦の如きは、其の発生の公算極めて少なきに係わらず遂に他動的に開戦を見るに至れり」とあるので、ドイツと実際に戦争することはあまり想定していなかったようである。

　日本軍の初期の作戦は、山東半島の北、渤海湾《ぼっかいわん》に面する龍口に、重砲を除く攻囲軍主力を上陸させて半島を南下して、中心集落の即墨を占領してから、一部の部隊を東に回して労山湾周辺の独軍の脅威を除いた上で、労山湾から重砲などを陸揚げするというものである。そのため日本軍としてはできるだけ自由に中国領を使いたかったが、中国は八月六日に中立条規を発布し、十七日には総統会議で戦局限定と局外中立を決めていた。中国領を勝手に軍事行動で利用することはできず、龍口に上陸して南下することは、そのままでは中立侵犯になる。

　それを避けるために軍事行動が可能な地域と考えられたのは、膠州湾の周囲五〇キロ圏内の租借条約で「中立地帯」とされた地域とその内側の租借地である。言葉がややこしくなるが、「中立地帯」を戦闘地域（中立除外地域）と見なす考えである。八月十七日に加藤外相と会談したグリーン大使は、この五〇キロ以内であれば独軍も通過しており、日本軍の軍事行動に差し支えないと思うと述べたが、加藤は五〇キロでは、あたかも「敵前上陸」と反発した。その後、イギリス側も五〇キロ以内への制限には無理があると悟ったようだったが、イギリスはドイツのベルギー中立侵犯を理由として参戦していたことから中立侵犯に敏感で、共同作戦をする英軍は、グリーン大使の強い要望で、後に五〇キロ以内の労山湾から上陸することになる。

日本は中立除外地域の設定を求めて中国と交渉を始めたが、中国は「青島五〇キロ以内」への戦域制限を求めてきた。日本側はそれを断り、強圧的に交渉に臨み、中国政府に濰《い》県《けん》・諸城《しょじょう》より東を中立除外地域とすることを要求して八月三十一日に内諾を得た。日本側が強圧的だった理由には、上陸予定が九月二日に迫っていたこともあったろう。日本軍を乗せた輸送船は八月末には日本を出ていた。

実は「青島五〇キロ以内」にも上陸に適した場所があった。膠州湾の港口の西、青島側の対岸である海西《かいせい》半島で、ドイツ側は防御の弱点として密かに上陸を恐れていた。そこには砲台はあったが、堡塁《ほうるい》のような要塞化された軍事施設はなく、上陸は比較的容易であったろうし、占領して砲兵陣地を設ければ、膠州湾内の艦船や、背後から青島の堡塁・砲台を砲撃することができた。まさに「防御のアキレス腱」であったが、日本軍はこの地に注目しなかった。

## 山東半島を襲った豪雨

軍事作戦は、たいてい計画通りに進まないものである。第一次世界大戦の主要な軍事作戦の多くは失敗に終わっている。その原因は敵の過小評価、砲撃などの攻撃効果の過大評価、作戦ミスなど様々であったが、天候も大きく戦況に影響した。たとえば一九一七年十月の西部戦線のパッシェンデール（ベルギー）の戦いでは、尋常でない雨がちの天候で戦場が湿地帯と化してしまい、英軍は進撃もままならず多大な死傷者を出して敗退した。

青島の戦いの初期において日独両軍に誤算であったのも暴風雨・豪雨などの悪天候であった。八月三十日の夜、青島・山東半島は豪雨に見舞われ嵐となったが、それは始まりに過ぎなかった。バーディック氏によれば、本来は過ごしやすいこの時期に記録的な豪雨がこの後、断続的に二週間続いたという。

山東半島は山岳地帯を含む地形で、降り続いた雨によって、そこここで河川が氾濫し、中国人の村々も水害に見舞われた。青島市街にも、とくに九月四日・五日には水が押し寄せ、水道設備・鉄道・電信柱・電信線が被害を受けた。山岳地帯では小河川の氾濫で独軍兵士が流されて死亡するなどの災害もあったが、深刻だったのは要塞の軍事施設の被害で、堡塁は泥水に浸かり、小要塞・塹壕《ざんごう》も泥や砂で埋まり、鉄条網も水に流されるなどした。兵卒のみならず将校も、この後、泥水のかき出しで汗をかくことになった。

## 日本軍の上陸作戦

悪天候は日本軍にも多大な影響を与えた。九月二日、日本陸軍は龍口に上陸を始めた。龍口は安全な上陸地であった。青島から遠く独軍の迎撃は難しいし、海も中国領海で機雷はなく、膠州湾の海上封鎖で独軍艦の脅威もな

図16　暴風雨のなかの日本軍の龍口上陸（『大正三年日独戦役写真帖』東京偕行社，1915年）

かった。また、同地は遼東《りようとう》半島と向かい合っており、大連《だいれん》方面との連絡や輸送、海底ケーブル敷設にも便利であった。さらに、山東鉄道を早期に占領するにも地の利があった。ただし、難点もあった。龍口からだと半島を横断する長行軍となる。龍口から青島までは直線距離でも二〇〇キロ以上あり、これは伊豆《いず》半島の先端から東京の中心までよりも長い。

そこに悪天候が追い打ちをかけた。上陸を始めた二日にも猛烈な暴風雨があり、持ち直したかと思うと急変するなどした。ただ、日本軍は上陸の延期はせず、連日上陸を続けた。イギリス大使館付き武官の観察では、悪天候で、ただでさえ難しい馬匹《ばひつ》（馬のこと）の揚陸は大変だったようである。当初、九日に完了予定であった上陸作業は長引き、神尾司令官と幕僚は七日に上陸を果たした

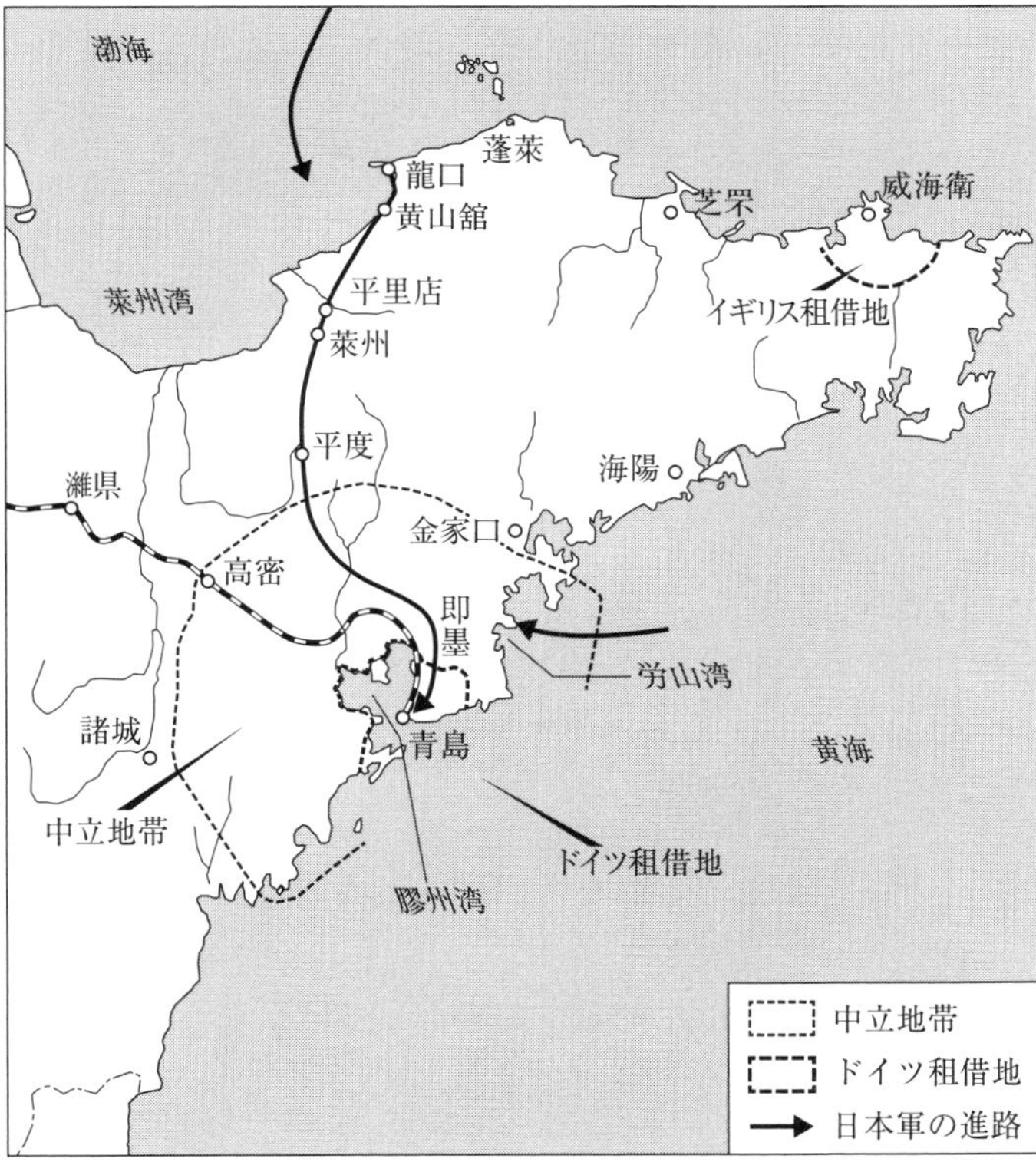


図17　山東半島の日本軍の進路（小林啓治『総力戦とデモクラシー』吉川弘文館，2008年より作成）

が、一部の連隊はいったん上陸してから船に戻り、海路で労山湾に向かうことになった。

さらに現地で雇って上陸作業や輜重《しちょう》（戦地の軍需品）輸送に充てる予定の中国人が、思うように集まらない問題が生じた。人手不足を補ったのは、大連埠頭で荷役請負業をしていた日本人の協力により大連から呼び寄せられた中国人苦力だった。

一方、独軍司令部は、上陸地点としては労山湾と青島の中間地点にあたる沙子口《しゃしこう》湾近辺が、青島の要塞砲の射程の外でしかも租借地内でもあるので、日本軍にとって最適と見ていた。ただ上陸時に独軍の迎撃で犠牲が増える恐れもあり、避けるとも思われた。次の候補が労山湾か、龍口のような山東半島の北岸であった。実際に龍口上陸の噂も頻繁に伝えられていたが、時間がかかり、地形も複雑で大軍の行軍が難しいので現実的とは見ていなかった。日本軍は動員から海上輸送、上陸地の情報を厳重に秘匿し、独軍の裏をかくことに成功したといえそうであるが、悪天候で行軍がさらに難しくなったのは大きな誤算だった。ドイツ側にはスパイが放った伝書鳩で龍口上陸の一報が伝えられたというが、上陸の規模などの詳細は不明であった。また八月下旬から日本軍上陸という真偽不明の情報もあり、総督が日本軍の確実な進軍の情報を得たのは九月五日という。

## 最初の日独戦死者

上陸が続くなか、日本軍の先遣隊はさっそく南下を始めた。先陣を切ったのは、馬による騎兵斥候《せっこう》部隊である。支隊もその後を追った。

師団の主力も続く予定であったが、八日からまた嵐と豪雨が襲い、師団の上陸や進軍は妨げられた。九月十四日、南下した支隊は即墨を占領した。

一方、九月半ば、前線の独軍守備隊の指揮官は、現地諜報員や航空偵察により即墨近辺に日本軍の兵力が集中しているという情報を得て、作戦と守備態勢の練り直しを考えた。ただ、十四日に沙子口湾が日本海軍水雷艇に急襲されたことで、指揮官は混乱した。守備隊は十五日・十六日に、即墨周辺に騎兵偵察部隊を送った。

独軍の騎兵偵察部隊は、十八日、前進していた日本軍騎兵中隊と銃撃戦となった。それ以前にも小競り合いはあったが、日独軍の本格的な戦闘はこれが最初で、日本軍中隊長（大尉）が戦死した。流れ弾が命中したともいう。バーディック氏によれば、銃撃戦は二〇分にわたり、両足を負傷した独軍少尉は数的に不利なことから部下を退却させ、自身はその場に留まり部下の撤退を援護した。彼は北京公使館の二等書記官も務めた貴族（男爵）であり、その後、出血で戦死し、その「英雄的行為」は独軍に称賛された。

**労山湾への上陸と前進**

十六日午後の時点で独軍幹部は、今後日本軍は北もしくは北東から攻め込んでくるか、沙子口湾に上陸してくると予想していた。沙子口湾には守備隊が配置されていた。

労山湾沖合に軍艦が来ているという情報もあったが、重視されなかった。たとえ上陸を十分察知していたとしても、独軍前線守備隊の兵力は多くて一〇〇〇名ほどに過ぎず、水際で日本軍を撃退するに足る戦力はなかった。守備隊はこの兵力で、少なくとも三二キロにわたる前線を守らなければならず、前線部隊への命令は、日本軍の進撃を遅らせることで撃破ではなかった。彼らは守備的に戦い、日本軍を攻撃して足止めしてから退却するヒットエンドラン戦法（一撃離脱戦法）を採り続けるのである。

九月十八日早朝、日本海軍は艦砲射撃で、労山湾を臨む山の上にある独軍の監視哨《かんししょう》を粉砕した。その後、龍口から海路で回ってきた歩兵連隊（支隊）が労山湾に上陸した。覚悟していた敵の迎撃はなかった。無事上陸すると、支隊の部隊はそれぞれ散っていった。ある部隊は山にある独軍のトーチカから銃撃を受けたが、慎重に包囲攻撃して乗り込むともぬけの空だった。この四〇名ほどの守備隊を率いていたのは職業軍人ではなく、青島の教員だった中尉である。

この日、労山湾上陸部隊の一部は即墨から回ってきた騎兵部隊とたまたま邂逅《かいこう》した。夜間には独軍の散発的な攻撃があったが、支隊は十九日には一帯を占領し安全を確保し、二十日には第二期輸送部隊が本格的に上陸を始めた。日本軍は労山湾上陸にあっけなく成功した。

独軍守備隊は、日本軍の労山湾上陸の報にショックを受けて、守備計画の見直しを図ったが混乱した。それでも二十三日には、一〇〇名規模の部隊が前線の日本軍を急襲して、戦果を挙げてすぐさま退却した。この攻撃は独軍の士気を大いに高めたという。

## 苦労した行軍

日本軍は敵の攻撃よりも、悪天候下の行軍に苦しめられた。先行部隊が通過した後でも、雨で水が出て道路がぬかるみ、通過できなくなることもしばしばあった。輸送の主力であった馬は、野営地で雨に打たれて病気になり倒れた。馬専用の天幕（テント）がなく、歩兵の携帯天幕や筵《むしろ》では不十分で、獣医も不足し、さらに飼料の飼葉《かいば》が雨で使い物にならなくなることもあったという。馬にとっても大変で、まさに雨に祟《たた》られた行軍であった。

それでも日本軍は九月二十四日、即墨近辺に揃い、二十六日から攻撃前進作戦を始める。目的は、独軍防御線である孤山《こざん》・浮山《ふざん》ラインの攻略である。

## 英軍の上陸と作戦調整

孤山・浮山ラインの戦いを前にして、英陸軍が日本軍に加わった。八月の日英の協議で、英軍は日本軍師団司令部の指揮下に入ることが決まった。当初は一旅団四個大隊の出兵命令も出されたが、西部戦線での苦戦から北中国守備軍を至急で西に回す必要が出てきたため、一個大隊まで縮小された（その後、半個増える）。イギリス参戦直後に陸軍大臣に任命されたキッチナーは八月二十一日、参加軍は「最小目的まで縮小」されると述べ、英軍派遣は「日本への協力を示すため」と派兵の目的を明かしていた。キッチナーは、多くの政治・軍事指導者と異なり、大戦の長期化を予測していた。行政能力には疑問符が付くが、声望と人気を兼ね備え、彼の下で志願兵の新兵を中心としたキッチナー新軍が生まれ、一九一五年以降、本格的に西部戦線に投入されることになる。

九月半ば、天津に駐留するイギリス兵の南ウェールズ境界守備軍第二大隊（八七二名）に、シーク兵の第三六シーク大隊の半個大隊（二個中隊四六三名）を香港から加え、英軍の派兵は合計一三三五名に確定した。シーク大隊は、主にイギリス領インドのパンジャブ州出身のシーク教徒から成る。シーク教はイスラーム教とヒンドゥー教が融合した宗教であり、教徒は勇猛果敢で知られ、軍務や警察業務に就いてイギリス帝国に利用された。

合計一・半個大隊の派遣で、英軍指揮官は大佐でも十分だが、一時昇格で准将となったバーナージストンが務めた。また、日英軍は調整のため相互に連絡将校を派遣し、日本軍からは樋渡盛広《ひわたりまさひろ》少佐が英軍司令部に配属となった。樋渡は陸軍大学を首席二位の成績で卒業した秀才であった。ただ英語畑なので、ドイツ留学組が主流を占める陸軍上層部では傍流と言えそうである。ちなみに陸大同期には、後に南京攻略戦の司令官を務めた松井石根《まついいわね》がいた。樋渡少佐は出征中に妻を病気で亡くし、さらに日英共同作戦には様々な問題が発生したので苦労は大きかったろう。

図18　戦地に向かう船上のイギリス兵（1914年9月19日，National Army Museum, UK, Online Collection）

派遣英軍のうち南ウェールズ境界守備軍の大隊は九月二十日には威海衛に到着し、労山湾に再三早く上陸したいと要請してきた。日本軍師団司令部は設置に時間がかかる重砲や攻城設備の揚陸を優先したかったが、神尾司令官は協力関係に配慮して、重砲などの揚陸で忙しいなかでの英軍上陸を認めた。イギリス兵は二十三日に労山湾に上陸を始め、二十四日早朝には上陸を終えた。シーク兵は後に上陸した。二十四日に即墨の日本軍司令部に赴いた英軍連絡将校は、来るべき孤山・浮山ラインの戦いへの参加を希望した。英軍は三手に分かれる日本軍の中央隊に組み込まれることになった。

### 孤山・浮山ラインの戦い

浮山は青島要塞の東、黄海側にある急峻なギザギザ状の山である。東から西に攻める日

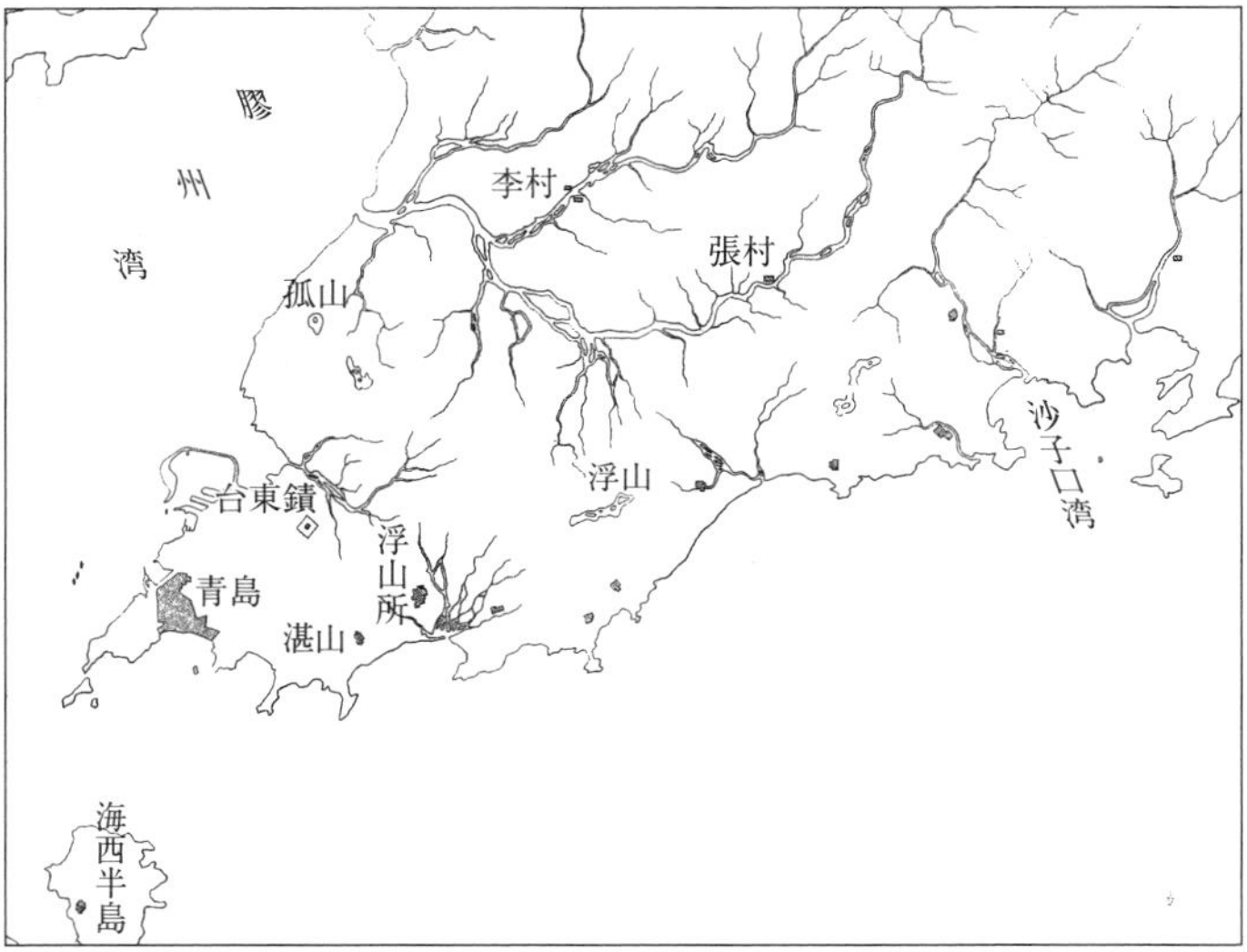


図19　孤山・浮山・青島周辺地図（『大正三年日独戦史 附図』1916年より作成）

本軍にとっては左翼に当たる。膠州湾側の孤山は要塞の北、日本軍右翼である。孤山から浮山の丘陵山岳地帯を占領すると、その先の青島要塞までは高い場所はないので、要塞の堡塁や砲台が肉眼でも確認できるようになる。砲撃の着弾観測もしやすく、旅順攻囲戦の二〇三高地に匹敵する戦略的要衝ともいえる。独軍もこの孤山・浮山ラインの重要性は十分認識しており、その前面に陣地構築をして防衛線を張り、浮山の山頂には九月下旬に急遽、「鷲《わし》の巣」と呼ばれる監視哨を設けていた。

　日本軍の作戦目的は、即墨から敵の防衛陣地を制圧しながら丘陵地帯を十数キロ南下し、最終的に孤山・浮山ラインを占領することである。日本軍師団司令部は一〇日はかかると見ていた。神尾の読み違いは、独軍の前線守備隊兵力を二〇〇〇名と見積もっていたことで、実際には七〇〇名ほどに過ぎなかった。

九月二十六日朝、日本軍師団の主力部隊は二隊に分かれて前進を始めた。高台から日本軍の様子を監視していた独軍守備隊指揮官は、大軍が巧みに素早く行軍をしていることに驚いた。連絡を受け、膠州湾からS–九〇と砲艦が艦砲射撃を始めたが、日本軍はひるまなかった。午後四時、独軍守備陣地近くに達しても日本軍は停止せずに前進を続け、砲撃も加えた。夜になると独軍守備隊の一部は、日本軍の夜襲《やしゅう》を恐れ浮足立った。守備隊指揮官は夜八時に総退却を命じた。実際には日本軍は夜襲を計画していなかったが、勇猛果敢で夜襲も厭《いと》わない日本軍というイメージが、総退却を促したのである。退却命令を知らずに圧倒的多数の日本軍を相手に善戦した独軍部隊もあったが、早く撤退しすぎて重要な防衛拠点をやすやすと手放した部隊もあった。

翌二十七日の戦いも「しまりのない」ものになった。独軍守備隊は、砲撃支援を受けながら、日本軍を短い時間攻撃しては少し退却し、また同じことを繰り返し、防御の前線の維持や本格的な戦闘は避けた。彼らは数に勝る日本軍に退路を断たれて、包囲殲滅《せんめつ》されることを何よりも恐れた。また、艦砲や守備隊の砲撃で日本軍に相当の損害を与えたとも信じていたが、日本軍の死傷者数はそれほどではなかった。神尾は独軍の戦い方から兵員や装備の不足を認識したが、自軍の死傷者数を抑えるために無理な突撃は避けた。

ただ、日本軍右翼は、膠州湾内からの艦砲射撃に苦しめられた。そこで二十七日には、陸からの砲撃に加えて、陸軍航空隊の三機が膠州湾内の敵軍艦に対して爆撃を試みた。命中弾はなく、航空隊の「意見」にも爆弾の「命中甚だ不良」とあり、動き回る軍艦を標的とした爆弾投下の難しさがわかる。しかし、敵軍艦は逃げ回り、その砲撃力は低下した。

歩兵同士の本格的な戦闘はそれほどなく、戦いは砲撃戦の様相を帯びた。二十八日の朝、独軍は浮山・孤山間の高地から日本軍陣地を砲撃し、日本軍も砲撃で応戦した。日本海軍と英戦艦も砲撃に加わった。独守備隊指揮官は日本軍の突撃による突破を恐れており、また、損耗を抑えて兵員を青島要塞の堡塁の守備に回さなければならなかった。午前十一時頃までに、高地一帯の部隊には青島に急ぎ戻るよう命令が発せられ、夕刻前に独軍守備隊は青島に撤退した。

浮山山頂の監視哨「鷲の巣」は砲撃に役立つ情報を送り続けていたが、日本軍は「決死隊」を組み、二十七日夜中から山頂を目指し、二十八日朝に攻撃を仕掛けた。死闘の末、決死隊は、白旗を掲げて休戦交渉に来た独軍使者をそのまま捕まえ、独軍部隊を降伏させた。浮山が占領されたことにより、独軍は重要な監視所を失った。

図20　神尾光臣（左）とナサニエル・バーナージストン（1914年９月，National Army Museum, UK, Online Collection）

激戦の予想からすればあっけなく、日本軍は三日あまりで、孤山・浮山ラインを一挙に占拠した。九月二十八日、李村《りそん》の手前で日本軍司令部に英軍が合流し、神尾司令官とバーナージストン准将が初めて会見した。

英軍が戦闘に参加する前に戦いは終わってしまい、英軍将校は不満を述べたが、独軍の早期の撤退は日本側にも予想外であった。またこの日、英軍の一等兵がドイツ兵斥候と誤認されて、日本兵に銃撃され負傷する事件が起きた。英軍最初の負傷者である。日本兵には大柄な白人のイギリス兵とドイツ兵の区別がつけにくかったためで、誤認防止のため英軍ヘルメットの頂上部に白布に黒丸を描いたものを張り付けることになった。

バーナージストンは、第一次大戦で最初に

「ドイツ領」に入った英軍指揮官となった。この頃、ヨーロッパでドイツ軍はシュリーフェン計画に失敗し、モルトケ参謀総長は九月半ばに事実上、更迭となっていた（正式発表は十一月）。後任はプロイセン陸軍大臣だったエーリッヒ・フォン・ファルケンハインである。彼は独陸軍の主流派ではなく、義和団《ぎわだん》事変の前後七年あまりも中国にいたことがあり、神尾らも知り合いだったかもしれない。ファルケンハインは、日本の勲章も受けていた。

## 飛行機の戦い

青島の戦いは航空機の戦いにもなったが、それは六月にシベリア鉄道で赴任してきた飛行士グンター・プリューショウ海軍中尉によるところが大である。中尉は大変な自信家で、自動車を乗り回し、租借地の人気者となった。彼は、青島の戦いでの活躍のみならず、その後、イギリスの捕虜収容所からの脱獄も果たし、その回顧録は戦時のドイツでベストセラーとなった。引き込まれる冒険譚であるが、その分、誇張や人種偏見に満ち、史料としての信頼性に欠ける部分も多々あるが参照して用いる。

青島に二機の飛行機が汽船で持ち込まれ組み立てられたのは、七月半ば過ぎだった。飛行場はなかったので、急遽、イルチス山の運動場に格納庫と滑走路が設けられたが、滑走路は短く離陸が難しかった。プリューショウは無事試験飛行をしたが、もう一機は七月三十一日の最初の飛行で離陸に失敗して墜落し、操縦士は大怪我を負い機体はバラバラにな

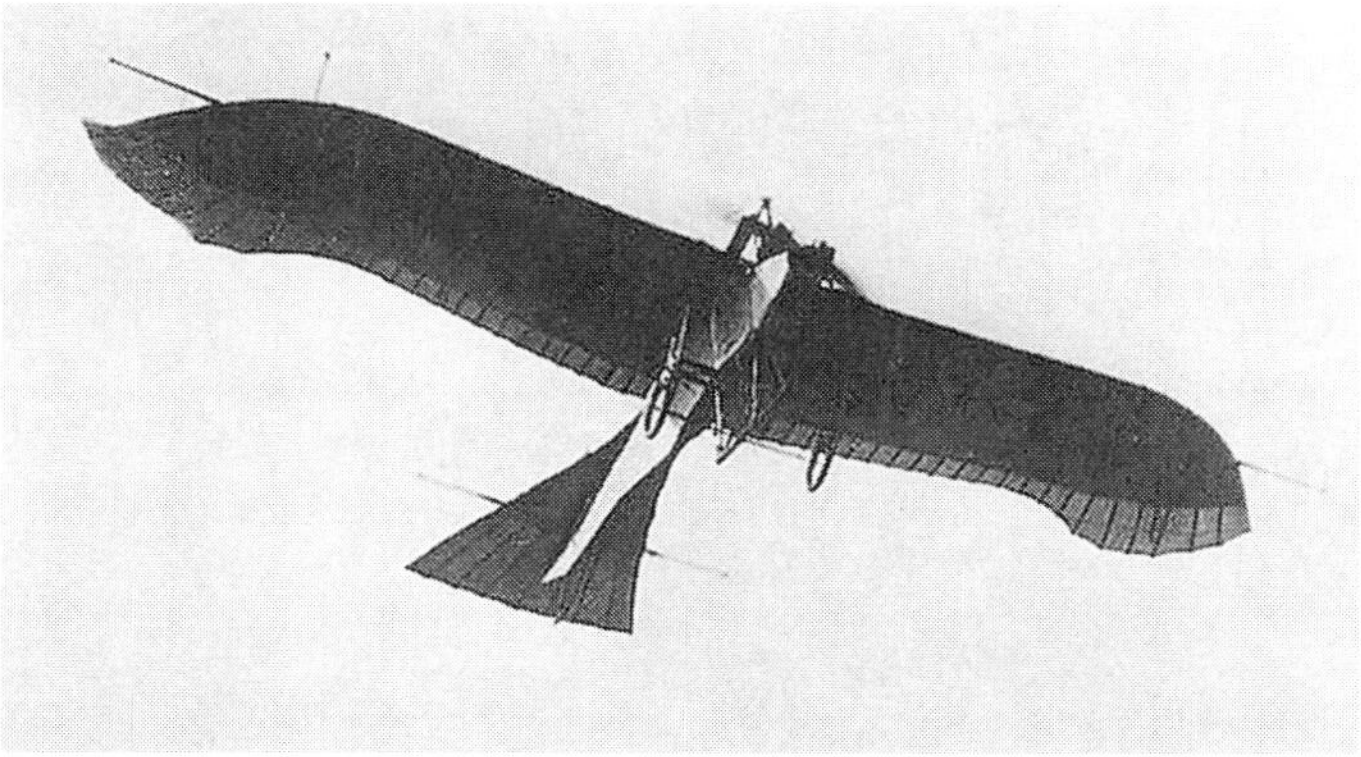

図21　飛行機「タウベ」

った。八月三日にはプリューショウ機も事故を起こしたが何とか復帰し、たった一機のドイツ「空軍」は維持された。中国人は中尉を「青島の鳥親分」と呼んだという。実際、彼が搭乗した飛行機「タウベ」（鳩の意味）は、鳥に似た形状であった。

　プリューショウは偵察で活躍した。その回想によると、九月上旬には一五〇〇メートルの高度で飛び日本軍の大部隊を発見したが、小銃や機関銃で攻撃を受け、愛機の主翼には一〇ヵ所、穴が開いたという。中尉はその後、用心のため高度を二〇〇〇メートルに上げ、敵弾は届かなくなった。日本軍も、小銃（一般にライフル銃）による射撃は一〇〇〇メートル以下なら命中の公算は高まるが、翼布に命中しても「何らの効果を生ずることなく」、機体部分に当てても小銃では効果が少ないと後に報告している。

　プリューショウ中尉は、離陸が不安定なため機を軽くする必要があり、偵察員を乗せることができなかった。そのため、一人で一時間半から二時間も日本軍陣地上空を旋回し、両足で操縦しながら、鉛筆で敵状をスケッチしたという。情報は総督府参謀部に持ち込まれ、砲撃に活用された。九月二十九日、中尉は偵察で日本軍と形が違うテントを発見した。上陸してきた英軍の野営地だった。情報を受け独軍は、そこに激しい榴散弾による砲撃を加えた。坑道に隠れて不安な一夜を過ごした英軍は、翌日に移動した。

一方日本軍では、先にも述べたように、海軍航空隊が早くも九月五日に空爆を実施していた。日本軍が飛行機を投入すると独軍は予想しておらず最初は驚いたが、その後、連日、大きな海軍の水上複葉機の空爆があったとプリューショウ中尉は書いている。中尉は日本軍機の航空技量が優れていることは認めたが、爆弾投下は「拙劣」であったと記している。空での戦いには日本陸軍の航空隊も加わり、十月十三日にはプリューショウ機とアジア初の「空中戦」をした。

プリューショウ中尉の回顧録には、日本軍機に追い回された様子が出てくる。戦うことよりも、貴重な唯一の飛行機で偵察し無事帰還することが本務であったので、中尉はとにかく逃げ回ったが危ない場面もあったという。武器といってもピストルしかない。ただ日本軍機を追い、「自動装塡ピストルで三〇発放ち撃ち落とした」という「戦果」も報告し

図22　日本陸軍航空機（機関銃装備）「ニューポール」（『大正三年日独戦役写真帖』東京偕行社，1915年）

図23　日本軍航空隊の爆弾（右：陸軍・左：海軍，『大正三年日独戦役写真帖』東京偕行社，1915年）

ている。日本軍に撃墜された機はなかったので、これは誤認か誇張であろう。
鳥親分の冒険譚によれば、二キロほどの爆弾を抱えて爆撃をしたこともたびたびあったという。一度は水雷艇に命中させたが不発に終わったとか、陸軍部隊を爆撃し「一発で三〇名の黄色人種を冥界に送り届けた」という挿話もあるが、また誇張か誤認であろう。他にも英軍の厨房テントに朝のコーヒーの追加に一発落としたが、布張りの屋根で爆弾がバウンドしてしまって不発に終わったという。

プリューショウ機は高射砲の砲撃も受けるようになった。日本軍は前線に対空高射砲二門を配備し、十月三十日に偵察に飛来した同機を砲撃した。撃墜はできなかったが、敵機を追い払うことはできたという話もあるが、司令部「意見」には高射角野砲が十分経験を積まないうちに「破壊せり」とある。

鳥親分の冒険譚には誇張も多いが、たった一機に日本軍が翻弄されたのも事実である。偵察されないために陸上では、カモフラージュをしなければならなかった。司令部「意見」には、日光に反射する銃剣・軍刀から、洗濯物に至るまで注意することや、敵機をやたら小銃で撃つと逆に位置を知られ危険になるといった諸注意が見受けられる。また、「今回は敵飛行機の我の状況を偵察し友軍の砲撃指向に有力なる援助を与えたること明瞭」と書き、プリューショウの偵察を評価していた。ドイツ海軍青島戦史は、航空偵察情報に基づくビスマルク砲台からの砲撃で、日本軍重砲砲台を破壊したこともあったと述べ、「飛行偵察は偉大なる功績を挙げた」と記した。一方、日本軍の飛行機も、偵察・砲撃支援・砲撃効果の確認、爆弾投下など「其の効果の著しきを認む」と司令部「意見」で評価された。

## 山東鉄道の占領

陸の戦いに戻ると、孤山・浮山ラインが陥落し、十月は総攻撃の準備期間となったが、総攻撃前に日本軍は山東鉄道の占領を急いだ。

山東鉄道は一八九九年に起工され、一九〇四年済南《さいなん》―青島間で開業した。経営に当たる山東鉄道会社は中独合弁会社であったが、実質的にはドイツ人が支配していた。大隈重信《おおくましげのぶ》首相が「今度ほしいのはこの山東の鉄道」と言っていたように、日本政府は山東鉄道の占領と戦後の獲得を目指していた。経済発展の中心にする考えもあったといえよう。

ただ山東鉄道占領には問題があった。鉄道沿線の西側はドイツの租借地や中立地帯ではなく、また日中間で合意した交戦範囲からも外れており、交戦ラインの濰県より西側の部分を占領すれば中立侵犯の問題が生じる。この件も日中間の外交問題となった。

日本側は、独軍が弾薬輸送に山東鉄道を使用し、中国側は黙認しているので、山東鉄道全線の占領は可能として正当化した。ただ弾薬輸送を理由とすると、青島の日本軍による包囲が完成してからでは、鉄道を占領する理由が無くなるので、占領を急がなければならなかった。中立侵犯の恐れのある西側部分については、兵は送らず宣言だけの「実力占領」案もあったが、最終的には鉄道沿線を租借地と一体と解釈し、山東鉄道の濰県より西側も軍事占領することに決定した。日本の駐中国公使は、この西側の軍事占領を強く懸念していたが、日本側は十月二日に中国側に軍事占領の意向を伝え、支隊二二名が出発した。三日から青島派遣軍は山東鉄道の占領を始め、中隊約一〇〇名を送り、十月六日から十日に鉄道を占領した。日本軍はさらに沿線の炭鉱も占領した。

### 陣地構築と重砲の輸送

道路で運ぶことが大変な二〇センチ以上の重砲は、労山湾から陸揚げし、手押し式軍用軽便鉄道で輸送することになった。日本軍の鉄道第三大隊は、平地を弧を描くように迂回するルートで鉄路を建設し、いくつかの支線に分かれる路線（陣地線）は十月十四日に完成した。総延長は一〇〇キロ前後に及んだという。完成直後から豪雨に襲われるなどして輸送は滞ることもあったが、何とか十月の終わりまでに重砲の据え付けは完了した。

軽便鉄道を押したのは、主に中国人の手押し人夫であったが、独軍の砲弾が降り注ぐようになると逃げ出してしまった。夜間や雨天時も頼りにならなかった。鉄道隊の活動には様々な苦労があったが、何よりも鉄道隊が苦痛を感じたのは、駐屯する千葉から船舶に乗る広島県の宇品《うじな》までの六〇〜八〇時間の移動であったという。とくにトイレの問題が深刻であった。鉄道のプロとしてよほど腹にすえかねたのだろう。報告では「兵卒は動員以来戦地の行動間、千葉宇品間の鉄道輸送を以て最大苦痛」であったと意見している。

総攻撃開始は十月三十一日と決まり、攻囲軍はそれに備えて陣地構築を始めた。この九月二十九日から十月三十日までの間は攻勢防御期間と呼ばれ、この間には攻城重砲が設置され、それを敵弾から掩護《えんご》する設備も構築された。日本軍砲撃の目玉となる二八《チセン》榴弾砲は、十日に揚陸されて、敵砲の死角になる山の裏側に六門設置されたが、砲座はコンクリートを流し込んで固定するので、それが乾くまでは砲撃はできない。射撃が可能になったのは十一月四日からといわれる。

日本軍の砲列は、最前列は榴弾砲重砲群と軽砲からなり、軽砲は総攻撃時に前線へ動けるようになっていた。第二列は重砲砲列、第三列にはより口径の大きい攻城砲・四五式最新砲・二八《チセン》榴弾砲が備えられた。また陸軍のみならず、海軍重砲隊の大口径キャノン砲も置かれた。兵器・設備・弾薬・砲弾などの運搬には、四《トン》級自動貨車（トラック）も試験的に使用された。

# 青島要塞の攻略

## 独軍陣地と作戦計画変更

独軍の堡塁《ほうるい》は五つあり、日本軍右翼の北から海岸堡塁（海岸とは膠州湾内の海岸）・台東鎮《たいとうちん》東堡塁・中央堡塁・小湛山《しょうたんざん》北堡塁・小湛山堡塁である。堡塁は、場所によっては二メートルの厚いコンクリートで覆われた巨大トーチカで、機関銃を装備し、堡塁の前面には敵に攻め込まれないように鉄条網と壕が設けられ、さらに周辺には地雷が埋設されていた。五つの堡塁のなかでは、海寄りの小湛山堡塁が最大であった。

堡塁の間には小要塞が九基、急遽設置された。小規模で、半分は地下に埋めてカモフラージュされ、十数人が起居できた。堡塁の後方のイルチス山・ビスマルク山などには大小の砲台があった。独軍は、守備施設の間に塹壕を張り巡らせ、連絡のため電信線も引い

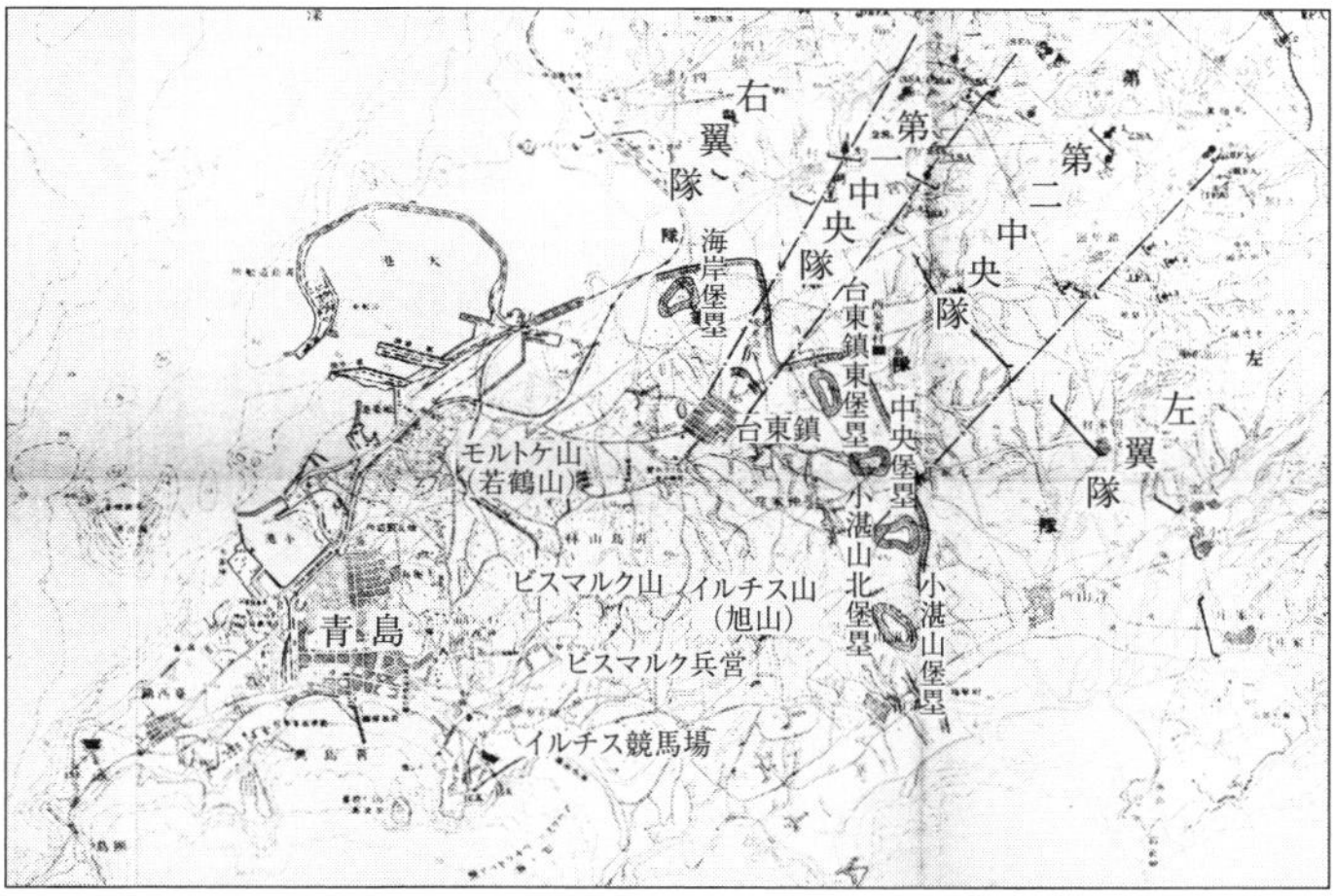

図24　総攻撃関連図（『大正三年日独戦史 附図』1916年より作成）

たが、急ごしらえで、しかも岩がちの地形であったため必ずしも通信はうまくできなかったという。

陸軍参謀本部は当初、主力部隊を右翼の海岸堡塁、中央右寄りの台東鎮東堡塁に当てる方針であった。ところがこの地帯は膠州湾に流れ込む河口近くで攻めにくく、防護も堅固であり、膠州湾の砲艦から艦砲射撃を受ける恐れもあった。そこで作戦を変更し、主力部隊を第二中央隊と左翼隊に配置することとした。

日本軍は、総攻撃に備えて十月三十日に師団司令部を移動させ、それに伴い四隊に分かれた各隊司令部も前進した。隊ごとの担当地域は、右翼隊が海岸堡塁、第一中央隊が海岸堡塁と台東鎮東堡塁の間にある台東鎮村、第二中央隊が台東鎮東堡塁と中央堡塁、左翼隊が小湛山北堡塁と小湛山堡塁である。英軍は第一中央隊に組み込まれたが、その前進壕の開掘を助けるために日本軍工兵小隊も加わった。

以下には攻撃から突撃までを基本的には時系列に沿って説明する。

## 青島攻囲軍の砲撃の特徴

総攻撃日は、兵士の士気を上げるため、天長節（天皇誕生日）祝日に当たる十月三十一日とされた。大正天皇の誕生日は八月三十一日だったが、酷暑を避けるために二ヵ月後の十月三十一日が天長節祝日になっていた。十月三十一日に総攻撃が始まるであろうことは、独軍も地元の諜報源や天長節祝日であることから予測していた。

総攻撃は海からの準備砲撃で始まった。海軍は十月二十五日から敵砲台や堡塁に対して艦砲射撃を始め、二十九日には英戦艦も加わったが、命中率は低く不発弾も多かった。

日本軍の砲撃は斎藤氏のまとめによれば、初期総砲撃二日間（十月三十一日・十一月一日）、中期自制砲撃三日間（二日・三日・四日）、終期総砲撃二日間（五日・六日）に分けられ、砲撃目標は、三十一日は敵砲台であったが、十一月一日には敵砲台と堡塁になり、一日の夜以降は敵堡塁が中心となった。

青島戦の日本軍の砲撃の大きな特徴は、敵陣地の粉砕のみならず、味方の前進壕開掘作

図25　日本軍重砲陣地（1914年10月，National Army Museum, UK, Online Collection）

図26　日本軍独立攻城重砲兵陣地（1914年10月，National Army Museum, UK, Online Collection）

図27　日本軍重砲の砲撃で噴煙を上げる独海軍石油タンク（1914年10月31日，National Army Museum, UK, Online Collection）

業の援護のためにも実施されたことである。この後のヨーロッパでの大規模な戦いの多くでは、歩兵突撃の前に何日も集中的な砲撃がなされ、前線の敵が壊滅したという前提で歩兵が突撃し、反撃を受けて多大な犠牲を出すということが繰り返された。たとえば一九一六年のソンムの戦いで英軍は、一週間の猛烈な砲撃の後、七月一日に歩兵を突撃させたが、独軍の機関銃と砲撃で一日で一万九〇〇〇名あまりが戦死してしまった。これと比べると青島の日本軍の砲撃は、兵士の損耗を抑えながら着実に敵に肉薄するためでもあり、戦い方も人命軽視ではなかった。

日本軍の大口径火砲では頻繁に砲弾の砲身内での爆発（腔発《こうはつ》）が起こり、また不発弾も多かったという。しかし、第一次大戦では砲撃の不備は日本軍に限ったことではなかった。先のソンム戦では、英軍火砲の四分の一は設計の不備や素材が粗悪なため故障し、発射された砲弾の三割が不発弾だったという。日本軍は、実地に試してみる機会でもあったので、砲火力をふんだんに投入した。砲撃効果は観察され、貴重なデータが得られたという。

## 攻撃陣地の構築

青島攻囲軍の攻撃方法は、前進壕を掘って第一・第二・第三と攻撃陣地を構築して独軍陣地に近づき、最後に突撃して白兵戦《はくへいせん》で決着を付けるというものだった。

総攻撃の最終局面では歩兵の突撃による敵陣地の制圧が計画されていたので、歩兵の前進準備のための交通壕の構築も十月二十九日から始められた。塹壕と呼んでもよいが、西部戦線で英仏軍と独軍が中間地帯を挟んで並行して対峙した塹壕とは位置づけは異なる。青島の戦いで攻囲軍は、ジグザグ状に壕を掘り進めて前進して、独軍の堡塁に肉薄したのである。ジグザグにしたのは、敵に壕の一地点を奪われて攻撃拠点とされた場合の守りも計算に入れてである。

三十一日には重砲の援護の下で、全隊が前進開掘をして、前進壕を掘り進めた。十一月二日までには各隊ともに仮設陣地を建設し、第一攻撃陣地とした。隊によって異なるが、陣地から敵堡塁まで五〇〇〜一〇〇〇㍍の距離である。使われた重砲弾は斎藤氏によれば、二日で一万八〇〇〇発であったという。いかにも多いが、ソンムの戦いでの英仏軍は一日平均で二八万発を使用している。

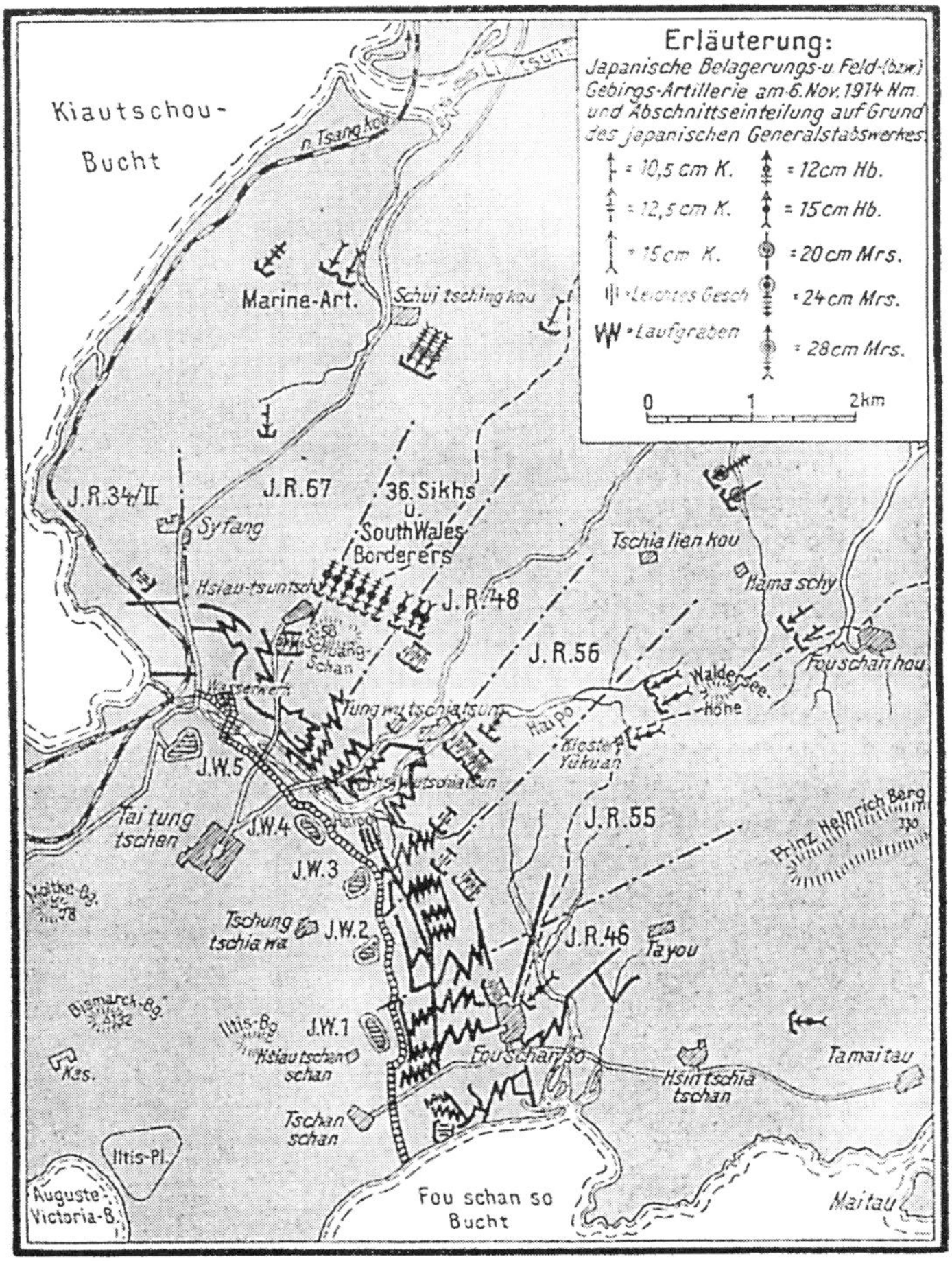


図28　独軍から見た「最終局面の日本軍の配置」（ドイツ海軍青島戦史）
ジグザグに壕が掘られているが，細部が正確かは不明.

各隊は次に第二攻撃陣地の構築に移ったが、十一月二日から三日にかけて暴風雨が吹き荒れて交通壕の開掘はなかなか進まず、悪天候のため日本軍の砲撃数も半減し、各隊は苦労しながら第二攻撃陣地を構築した。

## 第二・第三攻撃陣地の構築

日本軍は、斥候によって敵堡塁近辺を偵察し、独軍が張り巡らせた鉄条網を破壊したり、埋設された地雷の撤去も始めた。

英軍も、苦労しながら何とか三日夜に第二攻撃陣地の構築を果たしたが、この夜には独軍の激しい砲撃と機関銃掃射を受けて、シーク兵二名が戦死した。英軍初の戦死者であった。日本軍司令部は、第三攻撃陣地構築の期限を六日夜とすることを決定した。

迎え撃つ独軍は、第二攻撃陣地の構築で敵が堡塁に接近してきたため対応を変えた。巨砲では対処が難しい近距離になったため、イルチス山の山腹に九センチ砲を配置して日本軍前線を砲撃できるようにしたりした。

十一月四日から攻撃隊は、敵の機関銃や軽砲から身を守るために身体を低くしながら、慎重に掘削して前進した。神尾は、歩兵・工兵が敵堡塁に接近する六日まで、敵堡塁に対して徹底的に砲撃を加えるように命じた。砲撃の標的は、堡塁とその背後の小砲台だった。

青島攻囲軍の各隊は、十一月六日の夜頃までに第三攻撃陣地を構築した。この間、陣地の間をつなぐ交通壕も整備し、さらに小銃射撃が立ってできて突撃陣地ともなる立射散兵壕も設けた。第三攻撃陣地は突撃前の最後の陣地で各堡塁に肉薄していた。それぞれの攻撃陣地の敵堡塁までの距離は、海岸堡塁までは一四〇《メートル》、台東鎮東堡塁まで二五〇《メートル》、中央堡塁まで一三〇《メートル》といった具合である。ただ、小湛山堡塁だけは前進が難航し、敵堡塁の鉄条網の堀まで二〇〇《メートル》を残して進めなかった。

### 突撃前の急変

攻囲軍が突撃を準備するなかで、独軍の状況はどうであったか。日本軍の砲撃で各堡塁の戦闘能力は著しく低下していた。また、砲台も十一月五日の昼頃までに砲弾をほぼ撃ち尽くし、その後の砲撃は散発的になっていた。すでに独軍司令部は五日午後に、全弾を発射した後には敵に鹵獲《ろかく》されないため砲を爆破するよう命令していた。

五日の午後、ヴァルデック総督はプリューショウ中尉に会い、「毎時間、日本軍の総攻撃を待っている」状態であることを伝え、六日の朝に彼だけでも飛行機で脱出するように伝えた。敵の鹵獲を防ぐため、火砲やドッグ、港湾設備、造船所が破壊され、オーストリアの巡洋艦も砲艦も自沈していた。中尉はその晩、親友のユリウス・アイエ中尉と最後の挨拶を交わし、翌六日の早朝に飛び立ち、戦火の青島を後にした。

六日、日本軍航空隊は青島の至るところを空爆した。これまでと違うのは、集合しての爆撃であったことである。乱気流もあって戦果は少なかったが、心理的な効果はあった。

総督は日本軍の総攻撃が近いことを察し、午後に全軍に総警戒を命じた。兵員の一部は塹壕に移動し、極めて危険な任務に就いた。

一方、青島攻囲軍では十一月六日午後二時、神尾司令官が、全隊に第三攻撃陣地に主力を移して突撃準備態勢に入るよう命令した。この時点では、七日いっぱい砲撃を加えて、八日に突撃し、格闘戦闘（白兵戦）で締めくくる計画であった。

ところが第二中央隊は、中央堡塁より抵抗がなくなったため、六日夜に奇襲をかけたい旨を申し出てきた。午後八時、神尾は各部隊に前面の敵情偵察を命令した。中央堡塁のみ抵抗がなく沈黙しており、第二中央隊は同堡塁の今夜中の占領は可能と上申した。午後九時十五分、神尾は第二中央隊の上申を認め、中央堡塁に対する突撃占領命令を発した。また十時半からは、午後八時に中止していた砲撃も再開した。バーディック氏は、神尾が独軍の操典《そうてん》（教練・戦闘原則などの教則書）に「敵が夜明けに攻撃してくる」とあることを知っていて、裏をかく形で夜襲を決行したのではないかと述べている。それもあったかもしれないが、偵察結果が大きかったといえそうである。

## 中央堡塁独軍の降伏

突撃占領命令を受け、日付が変わって七日午前一時、将校が白襷《しろだすき》をかけて、第二中央隊の先遣強行偵察部隊は決死の覚悟で中央堡塁に向かった。部隊は、前面の壁を梯子でよじ登り、砲撃で破壊された鉄条網の裂け目を

図29　中央堡塁掩蔽部（陥落後）の様子（『大正三年日独戦役写真帖』東京偕行社，1915年）

通って、堡塁敷地内に難なく入った。抵抗はなかった。外にいたドイツ守備兵は度重なる砲撃や銃撃で疲れ果て、堡塁内に退却していた。

偵察部隊は堡塁の近くに忍び寄り、隊員が手分けして堡塁の側面を探索すると、たまたま扉が開いているのが見えた。そこからは光が漏れ、ドイツ語の話し声まで聞こえてきた。一人の歩哨《ほしょう》が日本兵に気づき射撃しようとしたが、故障で小銃から弾は出なかった。歩哨は捕虜となった。堡塁のなかの守備兵も気づいて銃撃を始めたが時すでに遅しで、日本軍部隊はすぐに堡塁を囲み、一つだけの出口に攻撃を集中した。ドイツ兵は堡塁のなかに閉じ込められてしまった。偵察部隊には増援部隊も加わった。日本軍大尉が堡塁に近づくと、なかから「降伏」という声が聞こえてきた。日独の将校同士がお互いに流暢とはいえない英語で話し合い、降伏条件で合意した。およそ三、四十分で無抵抗のドイツ兵二二二名が捕虜（当時の日本軍の用語では俘《ふ》虜《りょ》）になった。ただ降伏は堡塁の守備隊長の判断で、他の堡塁は関係ない。第二中央隊の大尉は、意外にも容易に突破に成功したことを神尾に伝えた。堡塁突破のニュースは、他の部隊指揮官や遠く参謀本部にも伝えられた。神尾は攻撃を続けることにした。

## 台東鎮東堡塁と小湛山北堡塁の占領

その頃、ヴァルデック総督は危険を察知し、反撃と使用可能な火砲による砲撃の集中を命じた。バーディック氏はこれらの指令を「軍事的には正しいが、それを実施するには戦備は不十分であった」と評している。独軍火砲は砲撃を始めたが、急に夜間に実施したため自軍陣地に着弾するなど混乱もあった。

最前線では、工兵・オーストリア海軍水兵・砲兵などからなる部隊が、日本軍の突破を防ごうとし、一四名から成る日本軍の部隊を果敢にも急襲したことがあったという。彼らは白兵戦闘では日本軍の小部隊を圧倒したが、さらに大勢の日本軍を前にしては、多勢に無勢で、数分で戦死するか投降した。

午前四時十五分、神尾は第二中央隊に、すでに陥落した中央堡塁の北にある台東鎮東堡塁の占領を命じた。ただちに同隊は突撃を開始した。部隊は反撃を受けながらも堡塁に迫り「万歳！」と大声で叫んだが、日本語がわからない堡塁内のドイツ兵は日本軍を押し留めたと勘違いした。この堡塁は持ちこたえていたが、戦闘員・弾薬などが不足しており、日本語に堪能なドイツ兵とドイツ語に堪能な日本兵のやり取りの後、降伏した。斎藤氏によれば、降伏は午後五時十分でドイツ兵二四一名が捕虜となった。

左翼隊は小湛山北堡塁を包囲した。守備隊のドイツ兵は堡塁内に追い込められた。ヴァルデックは包囲された堡塁の守備隊に対して、持ちこたえるよう命じながらも、同時に無駄な犠牲は避けるようにという指令も送っていた。この指令が誘い水となって、すでに十分に抵抗はしたとして守備隊は午後五時過ぎに降伏した。ドイツ兵捕虜は二〇四名である。

## イルチス山陣地の悲劇

攻める日本軍には両翼の二つの堡塁が残っていたが、それらを避けて前進することもできた。第二中央隊は堡塁の先のモルトケ山・イルチス山・ビスマルク山に向かった。イルチス山の陣地のうちの一つは小さな火砲を擁していて、プリューショウ中尉の親友ユーリウスアイエ中尉が指揮していた。知らせがなかったため中尉は日本軍は夜明けに攻撃してくるものと考え、部下に休憩を命じて自ら見張りに当たっていた。物音に気づき、アイエは部下に知らせてから調べに行った。そこに現れたのが日本刀を抜いた日本軍士官だった。中尉はピストルではなく剣を抜いて、日本軍士官に戦いを挑んだ。両軍の兵士が見守るなか、二人の士官が大立ち回りをしたが、日本軍士官の方が腕が立ち、アイエ中尉は尻、右腕、最後に首を斬られて絶命した。日本軍兵士はドイツ兵に襲いかかった。数の上で「互角ではない」（とバーディック氏は書く）戦闘で、生き残ったドイツ兵はたった一人であったともいう。

一方で、日本軍将校が白旗を掲げて独軍陣地に近付き、ドイツ語で降伏を求めると、闇のなかから一弾が放たれ、射殺されてしまったこともあったという。そこでは日本軍は強襲はせず、穴を穿って爆破を準備した。日本軍の喚声が聞こえて陣地内のドイツ兵は戦意を喪失し、爆破される前に降伏した。

## 降伏の決断

ビスマルク山砲台では午前五時には砲弾を撃ちつくし、日本軍に鹵獲されることを避けるため砲を破壊した。ヴァルデック総督には、ビスマルク山砲台指揮官から午前五時半に、ビスマルク兵営に敵が肉薄しているとの情報が入った。午前五時五十分、総督は台東鎮東堡塁・中央堡塁・小湛山北堡塁とイルチス山砲台が日本軍の手に落ち、敵軍が青島市街に侵入する危機が迫っていることを知った。

午前六時に総督は、独軍司令部で短い参謀会議を開いた。すでに日本軍は要塞の中央を突破し、青島市街への道は開けている。選択肢の一つは市街戦に持ち込み最後まで戦うことで、もう一つは降伏である。参謀のなかには徹底抗戦を望む者もいたが、総督は降伏を選んだ。ドイツ海軍青島戦史によると、「敵は陸海こぞって青島市街を猛撃し始めた」ので、青島市を敵の破壊から防ぎ、無辜《むこ》の住民を戦禍より救い、守備隊員の命も助けるために抵抗を中止することを決断したとある。「市街を猛撃し始めた」という部分は誇張であろう。ただ独軍が抵抗を続ければ市街戦になったであろう。総督は、「同じ時に全堡塁が陥落したという情報」に接し、午前六時頃に信号山と天文台に白旗を掲げるように命令し、軍使を派遣することにしたとドイツ海軍青島戦史にはある。ただ、「全堡塁」でなく、両翼の二つの堡塁では戦闘が続いていた。

また午前六時頃に掲げたという白旗は風が弱くて翻らず、両軍とも戦闘に集中していたこともあって独軍の降伏を確認できなかった。そこで総督は降伏を伝えるためオートバイの五名の伝令を送ったが、全員が日本軍に捕まってしまったので、さらに参謀部の部員を派遣した。部員たちは日本軍の攻撃をかいくぐって、降伏を拒んでいた海岸堡塁と小湛山堡塁で、全面降伏の決定に従うよう伝えた。

一方、日本軍師団司令部は、午前六時半に全軍に前進指示を出した（ただ英軍への連絡は遅れた。最終局面での英軍の行動については次で述べる）。作戦前から困難が予想された右翼の海岸堡塁では、右翼隊が攻撃をしかけ、独守備隊も激しく抵抗していたが、午前七時前に降伏した。

最後まで抵抗したのは、もっとも南の小湛山堡塁である。日本軍は強い抵抗に遭ったため、六ヵ所から重砲による集中砲撃を堡塁に加えた。また他堡塁を制圧した部隊が、小湛山堡塁の背後に回り始めた。堡塁は構造上、背後からの攻撃には弱い。さしもの小湛山堡塁守備隊も、午前七時過ぎに白旗を掲げて降伏した。

堡塁以外でも、日本軍は、イルチス山など三つの山の砲台占領にも取りかかった。砲台と堡塁の間の狙撃トーチカ陣地から抵抗があったが、午前六時にはイルチス山、七時前にはビスマルク山砲台を日本軍は占領した。

午前七時半頃、独軍司令部は気象台に白旗を掲げて全面降伏したともいう。白旗は二度、掲げられたのだろうか。一部では戦闘は七時半まで続いたともいわれるが、いずれにしろこれにて独軍は降伏した。ドイツ側の戦史では、一時間降伏が遅れていたら、一部で白兵戦がさらに繰り広げられ、双方で死傷者が増えたであろうと述べている。

### 停戦合意

降伏を決めると、ヴァルデック総督は副官のフォン・カイゼル少佐を開城交渉の軍使として派遣した。開城とは、降伏して要塞などを敵に明け渡すことである。少佐は従者に白旗を掲げさせて、台東鎮に急いで向かったが、両軍とも白旗に気づかず、双方の銃弾が飛び交った。少佐の従者の一人のラッパ手は、停戦を伝えるラッパを鳴らし、それに気づいたドイツ兵は発砲をやめた。ただ、どちらからの発砲かはわからないが流れ弾が命中し、馬丁《ばてい》を務めていた軍曹《ぐんそう》は即死したという。

午前六時二十分頃、カイゼル少佐の一行は、台東鎮の北の日本軍部隊に受け入れられ、しばらく待たされた後、日本軍将校に日本側交渉員のいる村に案内された。神尾司令官は香椎浩平《かしいこうへい》少佐を軍使として派遣した。香椎は後の二・二六事件（一九三六年）のときに戒厳司令官に任命されたことで知られる。カイゼルと香椎は九時二十分に会い、文書を交わした。日独軍は全面的な停戦で合意し、その日の午後四時から双方の全権委員が開城交渉に当たることになった。

## 青島陥落と漱石

青島が陥落したという報せは、すぐに日本国内にも伝えられた。夏目《なつめ》漱石《そうせき》の日記には十一月八日付けで「青島陥落の報伝はる　純一《じゅんいち》は陥落とは何だといふ」と七歳の長男純一とのやり取りが記されている。「きのふ米屋の小僧が陥落だといつたけれど何の意味か分らなかつたといふ」と続くから、早くも七日のうちには国内で知らされていたのだろう。漱石が「陥落は降伏のことだ」と純一に答えると、「その降伏は何だ」とさらに訊かれた。子どもらしい追究である。「降参だと教へてやる。降参は漸《ようや》く分る」。ユーモラスなやり取りである。この日の日記にはそれ以上、日独戦争についての記述はない。

漱石は一九一六年五月から『明暗《めいあん》』の連載を始めたが、その年の六月七日付けの日記には、袁世凱《えんせいがい》の死去と、英陸軍大臣キッチナーの「溺死」をメモ書きしていた。キッチナーは海路、ロシアに向かう途中、乗っていた巡洋艦が機雷に触れて沈没し亡くなっていた。二人の死に触れた漱石にも死期が迫っており、半年後の十二月九日、未完の絶筆『明暗』を残し、病気で死去した。

# 勝利の遺産と教訓

# 国際法と日独の戦い

死傷者数などから振り返ってみると、青島《チンタオ》の戦いにはどのような特徴があるだろうか。

## 日英独の死傷者

青島の戦いの死傷者数は、斎藤聖二氏の研究によれば、独軍の約九一〇名に対して、日本軍が一九二九名で英軍七一名を加えると攻撃側は二〇〇〇名である。詳しくは表1の通りである（比較のため他の著作などの数字も入れた）。要塞戦では攻撃側に多くの死傷者が出るのが一般的で、独軍と日英軍では二・二倍の差があった。トレバー・デュプイ氏による敵を損耗《そんもう》させる戦闘力スコアの「有効性」の研究では、当時の要塞戦での防御側の優位性を一・六倍と見ており、また独軍は通常、西側連合国軍より一・五倍ほど有効スコアで勝っていたとされる。単純に当てはめるのにはかなり無理があるが、これらの傾向からあえ

表１　日英独軍の死傷者数など

| 国 | 兵　員 | 戦死者 | 負傷者 | 病死者 | 俘　虜 |
|---|---|---|---|---|---|
| 日本軍 | 51,700(50,300) | 408(548) | 1,521(1,520) | (80) | 0［2］ |
| 英　軍 | 1,390 | 13〜14 | 56〜57 | 1 | 0 |
| 独　軍 | 5,000 | 約210 | 約550 | 約150 | 4,652 |

日本軍の死傷者数は『大正三年戦役衛生史』による．なお（　）内は，1915年２月の陸軍次官による立憲政友会本部への回答である（佐山二郎『第一次大戦 日独兵器の研究』より）．英独軍は主に斎藤聖二氏の著作によった．なおドイツ海軍青島戦史では，日本軍戦死者を1,303名，負傷者を4,100名と過大に記している．日本兵捕虜は２名いたという説もある．

て推察すると、独軍相手に死傷者数が二・三倍というのは善戦と思える。表2は、デュプイ氏の方法に基づき、青島戦役における日英軍と独軍の戦闘力スコアの有効性を計算した結果である。独軍が戦闘力で優れていたことに変わりはないが、日英軍が西部戦線の連合国軍と比べても遜色のない戦いをしたことがわかる。

戦死者数にはソースと病死者を含めるかによって相違があるが、日本軍は海軍の高千穂《たかちほ》の犠牲者を除くと一三七名から多くて二七七名であり、独軍（二一〇〜三六〇名）より少ないか上回っても大差ない。いかに日本軍の戦死者が少なかったかがわかる。それだけ日本軍は、人命を軽視しない戦いをしたと言えようか。ただ、忘れてはならないのは、独軍も人的損耗を抑える戦い方をしたことである。戦死・戦病死者は日英独合計で八〇〇名ほどで、戦死者だけでも少なくとも九四五万は下らないとされる大戦全体から見れば、青島の戦いはいかにも小規模であった。

表2　青島戦役における日英軍・独軍の戦闘力スコアの有効性

| | 兵員 | a 死傷者概数（病死者も含む） | b 損耗人員概数（俘虜も含む） | 戦闘力スコア | 戦闘力スコアの有効性 |
|---|---|---|---|---|---|
| 日英軍 | 30,000 | 2,080 | 2,080 | 0.25（a の場合）<br>1.39（b の場合） | 0.25<br>1.39 |
| 独軍 | 5,000 | 910 | 5,000 | 3.47 | 2.17 |

Trevor Dupuy, *A Genius for War*, pp. 328-332の計算式に則った．戦闘力スコアは，1日当たりの敵側の死傷者数（あるいは損耗人員数）を投入兵力数で割った上で100を掛けて求める．

戦闘期間を12日間と仮定した．要塞戦の防御側（この場合，独軍）の優位性を1.6として戦闘力スコアを補正したものがスコアの有効性である．日英軍では前線戦闘員数を3万名として算出した．独軍の損耗人員概数は5000名とした．

戦闘期間の設定でスコアとその有効性の数値は大きく変化する．デュプイ氏が調査した第一次大戦における10の西部戦線の戦いの平均有効スコアは独軍1.63，連合国軍1.10で，独軍が1.48倍優れていた．青島戦役では，独軍2.17，日英軍1.39とすると，独軍が1.56倍優れていたことになる．なお，東部戦線の露軍とその捕虜を加えた5つの戦いのスコアでは，独軍は露軍に対して実に3.83倍優れていた．


十一月七日朝の独軍降伏後、午後四時から日独で開城交渉がおこなわれた。日本側全権委員の代表は山梨半造《やまなしはんぞう》参謀長である。この日のうちに捕虜となった兵士は二三〇〇名あまりいたというが、衣類などの携行可能な私物を兵舎に取りに戻ることが時間厳守の上で許された。

## 神尾の厳命と実際

神尾光臣《かみおみつおみ》司令官は、独軍降伏後、略奪や暴行などの問題を起こさないように日本軍兵士に厳命を下した。ところが一部の日本兵が市内に入ってしまった。ドイツ海軍青島戦史によると、進入した日本兵はドイツの治安部隊兵士（ドイツ側は国民兵と呼ぶ）を取り囲み、武装を解除して拘禁し「略奪をほしいままにした」

図30　ドイツ兵捕虜（1914年11月，National Army Museum, UK, Online Collection）

とあり、その規模はおよそ三個連隊という。事実であれば一万名を超える。かなりの誇張もあるだろう。午後に神尾から即時退去の命令が下り、日本兵は市街地から退却したともドイツ海軍青島戦史では記している。

チャールズ・B・バーディック氏の研究によると、日本軍兵士は市内の家屋に浸入し、持ち運びができる物品・酒類・金銭を奪い、その際に市民を手荒に扱うこともあったという。ただ同氏は、「このような事件は比較的少なかった」とも書いている。「略奪をほしいままにした」は言いすぎだろうが、青島中に恐怖を煽《あお》る噂が広まった。

開城交渉に当たっていた山梨は、ドイ

ツ側から日本兵による「略奪」を知らされ善処を求められた。会議が一時休憩となった際、彼はドイツ側の用意した車両で市内を訪れ、進入した日本兵を発見すると調書をとって退去を命じ、市内に続く城門に歩哨《ほしょう》を配置した。当番以外の日本兵は夜には市内からいなくなり、市内の秩序は保たれた。山梨の迅速な行動をドイツ側は驚きながらも歓迎したという。

開城交渉によってドイツが膠州湾《こうしゅうわん》租借地《そしゃくち》に有していた諸権利は日本側に移譲され、ヴァルデック総督と独軍幕僚は十一月十四日に日本国内に送還された。奇しくも、独海軍部隊が膠州湾に初めて上陸したのが、一七年前のこの日だった。

## 「略奪」と捕虜私有物の強奪

兵士の「略奪」については、司令部「意見」にもそれを示唆する部分がある。兵卒教育についての提言で、「徴発、購買、略奪等の差あることを充分に理解せしむること」とある。また、「捕虜を捕獲」するとき、その私有物（時計・指輪など）を「奪い取るべからず」とも記している。場所は青島とは限らないが、青島戦役で何らかの略奪行為があったことをうかがわせる。司令部「意見」では、「殊に敵私有品を奪う如きは国軍の声価《せいか》［評判・名声］に影響」することを理解させることが必要であると述べている。

捕虜の私有物の獲得は、一九〇七年（効力発生一〇年）のハーグ陸戦法規慣例条約の付属書で禁止されており、国際法違反であった。日本も一一年に同条約を批准していた（公布・発効は一二年）。ただ、ブライアン・K・フェルトマン氏の研究によると、第一次大戦の西部戦線では、この種の兵による私物の略奪はかなり日常化していた。英軍は野戦規則で私物の略奪を禁止していたが、守られることはなく、「お土産狩《みやげが》り」と呼ばれて黙認されてもいた。一方、ドイツ兵も同様のことをしていた。それは、金銭目的のみならず、戦闘に従事した証しを求める意図もあり、男らしさの表出でもあった。

## 残虐行為なき青島の戦い

日本軍の捕虜となったドイツ兵は様々な苦情を申し立てたが、大戦全体から見るとはるかにましな扱いを受けていたように思われる。フェルトマン氏の研究によると、西部戦線では、捕虜の虐待は決して珍しくはなく、これまで歴史家が信じてきたよりもはるかに多くの捕虜や投降途上の兵士が殺害されたのではないかという。

アメリカの歴史家ニーアル・ファーガソン氏によると、西部戦線において捕虜の殺戮といった残虐行為は、独仏軍双方に見られたという。とくに、足手まといになり、労働力としても期待できない傷病兵の殺戮が多かったというが、他にも殺害されたり、銃の試し撃ちの犠牲になった者もいると言う。ファーガソン氏は、殺害される危険が伴うことが降伏の障害となり、大戦が長引く一因となったのではと指摘している。

一方、青島の戦いでは、投降を希望したドイツ軍兵士や捕虜があからさまに殺害されることはなかった。日本軍兵士に対する残虐行為もなかったようである。フェルトマン氏は「捕虜の殺戮は第一次大戦のすべての陸軍で事実上、起こったことである」とまで言うが、青島戦役の日本軍には当てはまらない。逆に言えば、日本軍による交戦規則の順守が期待できなかったら、青島のドイツ軍は安心して降伏・投降できなかったのではなかろうか。

## 現地中国人の被害

斎藤氏の研究は、戦役中の現地中国人の被害を明らかにしている。それによると、死傷者だけでも二〇〇名近くいる。さらに戦闘でない場面でも暴力や犯罪行為（女性に対する性暴力など）があったという。実際、従軍した日本人記者も兵士のなかの「宜《よろ》しからぬ者」について後に言及していた。また、現地のアメリカ人宣教師は、九月下旬に問題行動や残虐行為を通信社に伝え、ドイツの新聞でも十月半ばに報じられた。

司令部「意見」には、将校の監視が行き届かない、下士官や兵卒が少数（二、三名）で業務に当たったときに、「常識を逸せる行為に出る」者がいて、中国人との間にしばしば「事故」を生じたとある。「常識を逸せる行為」や「事故」が具体的にどのようなことであったかは資料からはわからないが、提言では「下士以下の常識教育に一層の配慮を要す」とした。

問題があったのは兵卒だけではない。司令部「意見」では、民間の通訳に対する評価が著しく低く、とくに中国語通訳は「頗《すこぶ》る不足」を感じたと述べている。しかも、問題は語学力だけでなく、司令部では民間通訳について「其の人格下劣にしてその行為往々唾棄《だき》すべきものあり」とまで述べ、軍紀（軍の風紀・規律）上に「悪影響を与へしものあり」とまで書いている。よほど腹にすえかねることがあったのだろう。唾棄すべき行為が何かはわからないが、犯罪行為や女衒《ぜげん》ではなかろうか。

# 日英協力の内実

### 異例の英陸軍低評価

司令部「意見」は、率直な内容で戦役の「実相」を伝えていたが、なかでも異彩を放っているのは共同作戦に参加した英陸軍に対する評価の低さである。意見では「頼み難き戦友」で「単に戦場の装飾」に過ぎず、日本軍にとっては「大なる煩累《はんるい》〔面倒・迷惑〕」であったと英陸軍をこき下ろしていた。何しろ、「将校の能力」から「兵卒の価値」に至るまで「遺憾の点少なからず」と低評価し、「戦友として信頼し難」く、武力としても割り引いて計算する必要があるとまで述べているのである。

ただ、個人によっては敬重できる行為をした将兵（とくに兵卒ではシーク兵）もおり、歩兵一連隊にも満たない兵員数で攻城戦に必要な砲工兵部隊や特殊火砲を欠き、日本の同

図31　モルトケ兵営前での日英軍記念撮影（『大正三年日独戦役写真帖』東京偕行社，1915年）
神尾司令官（2列目中央）・山梨参謀長（神尾の左隣）ら日本軍幕僚，他に英軍武官（白く細長いピス帽がイギリス兵・ターバンがシーク兵）．

盟軍として「対等の働き」はできず、日本軍指揮下でやりにくかったのではという同情的意見も付け加えていた。

英軍の低評価の具体的理由はこれ以上はわからないが、その背景には、日独という世界で一、二位に規律にすぐれた軍隊を基準にしたこともあったのではなかろうか。英軍兵士は自由気ままに見えたかもしれないが、大戦期を通して決して弱くはなかった。また、低評価に直結したのは、何よりも総攻撃の最終局面での英軍の対応であったろう。

## 戦わなかった英軍

最終局面での英軍の動きは、

斎藤氏が詳細に明らかにしている。それによれば、いくつかのミスコミュニケーションが重なったようである。まず七日の午前〇時半、日本軍師団司令部は第二中央隊が中央堡塁《ほうるい》に突撃すると英軍に知らせ、この攻撃に呼応し英軍が進軍すると思ったが、英軍司令部はこれを作戦状況の通報で命令でないと解釈し、午前二時にシーク兵五〇名のみを危険な第三攻撃陣地に残して、他のシーク兵は第二攻撃陣地に、イギリス兵はより安全な第一攻撃陣地へ撤退させてしまった。その後、前に述べたように他の日本軍の隊は次々と堡塁の占領に着手したが、英軍司令部は午前五時四十五分頃にドイツ兵がいないことを確認してから、ようやく前進準備命令を発した。

占領目標である台東鎮村《たいとうちんそん》に達するには、海岸堡塁と台東鎮東堡塁の間を抜ける必要があり、英軍は両堡塁の陥落を待って進軍するのが得策であると判断したという。もっともな話であるが、午前六時半、掘削作業を手伝うために英軍指揮下に入っていた日本軍工兵小隊が台東鎮東堡塁の陥落を知り、英軍司令部の指令を待たずに独自に突撃を始め、目標であった台東鎮村をわずかな兵力で占領してしまった。

また、日本軍師団司令部は午前六時半に全軍に前進指示を出したが、英軍との連絡将校樋渡少佐に電話で前進指示あったのは一時間近く後の七時二十五分頃であったという。結局、英軍は最終局面で突撃しなかったが、バーディック氏によると、それでも不運なイギリス兵がいたという。戦闘が終わったと思い込んで外に歩き出たイギリス兵二名が、独軍最後の軽砲の砲撃により戦死したのである。

ジョン・ディクソン氏の著作によれば、ある英軍将校は「日本軍が六日から七日の夜、命令を強行するつもりであったことを我々［英軍］に知らせずに、故意に置き去りにしたことは疑いない」と記し、日本軍師団司令部は意図的に通知しなかったと見た。ただし、七日未明に敵に戦意がなく中央堡塁が陥落に至った経緯を見れば、そのような批判には根拠がないとチャールズ・スティーヴンソン氏は述べている。英軍に限らず、日本軍連隊・大隊の間でも隣の隊との連絡は不十分で、隣の状況を知らず、自ら進んで知らせようともせず、同士討ちの危険さえあった。これが戦場の実情であった。

## 現地のイギリス外交官の酷評

青島要塞陥落の十一月七日、神尾司令官は市内進駐を抑えたが、英軍はバーナージストンの指令で午前八時半から、元青島副領事エックフォードに案内されて市内に向けて進軍し、午前中に市街の端にある砲銃庫を占拠して、組織的な軍隊としては市内に進駐した最初となった。英軍の様子を開城交渉中に聞かされた山梨は、不満な表情を浮かべたという。途中、英軍部隊を目にしたドイツ兵捕虜たちは、後ろを向いて通り過ぎるときに屈んで尻を見せたという。イギリス兵には緊張が走ったが、日本兵は笑ったという。

日本軍師団司令部は英軍を酷評したが、現地のイギリス外交官エックフォードは共同作戦を酷評した。彼は覚書で、英軍の規模が小さすぎてバーナージストンが神尾に対して強い立場をとれなかったことを強調し、日本人は一般にイギリス人を嫌っており、彼らを独軍捕虜よりも悪く扱ったと苦情を述べた。また、誤射事件などを取り上げ、日本人の傲慢さを訴えた。済南府《さいなんふ》領事はその覚書を同僚に広め、英軍の協力を「大失敗」と喧伝したが、二人は政策を批判したとして上から叱責された。

青島戦役に加わったイギリス兵は、本国から遠く離れた極東で、自軍の砲兵も欠き、しかも日本軍の指揮下では、本気で戦う気にはなかなかなれなかったかもしれない。また神尾の下には、そのような英軍の使用に配慮するよう指令があったという説もある。戦勝式典に参加することもなく、彼らはすぐに次の戦地に向かった。

共同作戦には自軍の負担や役割・主導権をめぐる問題がつきもので、大戦期を通して見ると、このような摩擦は日常的で、もっと大きな犠牲を伴った深刻な事例はいくつもあった。

また、日本とイギリスが外交上、その底流で離反を始めていたとしても、ドイツ人は日英を同じ悪党仲間と見なしていた。例えば青島陥落後、「青島の不滅の英雄に敬意を表する」ある人物は、イギリスを「殺人者」、日本を「強盗殺人者」と二週間にわたって新聞で呼ぶよう提案し、「これらの世界史上、最悪のならず者どもには、他に呼び名がない」とし、日英を「神に呪われた殺人者集団」と断じた。

もっともこれは極端な意見で、ドイツの「一般民衆はこのようなヒステリーに陥ってはいなかった」とイギリスの軍事史家アレグザンダー・ワトソン氏は言うが、青島の陥落によりドイツで「憤激が、とくに政治的右派で沸き立った」とも述べている。この頃、ドイツ人の敵意の主な対象は、ロシアからイギリスにシフトしており、日本の参戦と青島陥落はそのようなシフトにも一役買ったのだった。

# 青島の戦いの軍事的意味

## 生かされなかった戦訓

青島の戦いの軍事的な意味はどう考えたらよいのだろうか。バーディック氏は「この攻囲戦から学ぶべき教訓はおびただしかった」と指摘しているが、一方で「西洋の観察者は必ずしもそれらの教訓から利益を得なかった」とも述べている。同氏は青島戦役の戦訓として四点を挙げている。

第一は飛行機の軍事使用である。「爆撃、空中戦、とりわけ偵察において、飛行機の信頼性は疑いなく証明された」と述べ、バーディック氏はとくに日本軍の航空機運用は洗練されており、「地上軍との連携、爆撃装置、一般的な運動性――これらは他のどの国よりも十分進んでいた」と高く評価した。

また、科学技術が砲撃に与えた影響も戦訓として挙げられている。火力は恐ろしいほど増大し、とくに最終局面での日本軍の砲撃は圧巻だったという。着弾観測・砲弾供給・砲撃制御に優位性を持っていた日本軍は、独軍の防御を破壊し、その運動を停め、守備兵を防御施設に追いやった。「ひとたび砲撃が効果的に防御を粉砕すると、最終突撃は過度に危険な試みではなかった」とバーディック氏はいう。一方で独軍の機関銃も効果的で、日本軍の前進を阻止したと評価している。

大戦が早く終わっていたら、青島戦役の戦訓はそれなりに注目を集めて、評価・研究もされたであろう。しかし、青島陥落後も戦争は四年続き、その間に軍事技術も飛躍的に進歩し、現実が青島の戦訓を陳腐化してしまったように思う。

飛行機は格段に発展進歩し、その利用も偵察から爆撃、空中戦と本格化し多様化した。独軍は一九一七年にゴーダ爆撃機を投入し、夜間も含むイギリス本土空襲を実施したが、イギリス側も灯火管制・サーチライト・対空砲・迎撃用の戦闘機を使ってゴーダを迎え撃った。航空機の利用とその防御策を含む軍事技術は、革新され格段に進歩していった。

砲撃も独軍は、ブルヒミューラー砲術やプルコウスキーの砲撃方法といった画期的な砲術を採用し砲兵・歩兵間の円滑な連携を可能にしたし、大戦後半には英仏独軍とも敵兵を無力化するガス弾を多用するようになっていた。

### 艦砲射撃の効果の低さ

バーディック氏は、この要塞戦で海軍力の果たした役割が低かったことも戦訓として指摘している。それを示しているのが、チャーチルの要請で提出された戦艦トライアンフの艦砲射撃の効果に関するデータで、その内容は率直で艦を危険に晒《さら》す距離まで接近しなければ、敵の砲を直撃することは非常に難しいというものだった。

ただ、この戦訓から、どうもチャーチルは学ばなかったようである。青島から移動してきた戦艦トライアンフも参加し、一九一五年三月に実施された英仏の戦艦・巡洋戦艦一六隻によるダーダネルス海峡突破作戦では、艦砲でガリポリ半島のトルコ軍陣地を破壊しようとしたが、精密な砲撃ができずに失敗した。チャーチルは海上突破を諦めて、四月に陸海軍協同のガリポリ半島上陸作戦を実施したが、これに加わって上陸したアンザック軍は歴史に残る戦い（アンザック・コーヴの戦い）を経験することになる。一方、五月下旬、トライアンフは砲撃支援の最中にドイツ軍潜水艦の雷撃を受け、撃沈されてしまった。

### 日本兵の評価の変化

バーディック氏は最後に、西洋の日本軍兵士の評価が大いに変わったことを戦訓として指摘している。それまでドイツ人もイギリス人も、東洋人に対して陰で中傷していた。しかしイギリス人は、不満はあったものの、自軍よりも優れている日本軍の装備や兵のスタミナに敬服し、何よりも諸兵科連合《コンバインド・アームズ》の戦争を巧みにこなしたことを称賛した。諸兵科連合とは、たとえば歩兵と砲兵の連合などで近代戦には欠かせない。青島戦役で神尾は、抵抗が強い敵堡塁には改めて砲撃を集中させるなど、歩兵・砲兵連携で巧みに指揮したことが窺える。敵のドイツ兵は日本軍の忍耐力・組織・プロ意識を戦訓として学んだともいう。さらに外国の観戦武官は、日本の輸送システム・兵站《へいたんぶ》部・通信制御・一般的な組織について多く報告していた。

ただ歩兵については、後に独軍は戦闘能力に優れるエリートの強襲専門の部隊を設け、手榴弾《しゆりゆうだん》と堡塁攻略に効果的な火炎放射器で武装し、一九一八年の春季大攻勢では軽機関銃（マシンガン）などの装備も加えられた。手榴弾は使っていたが、小銃が中心であった日本兵とは装備だけ見ても、この頃には相当差がついていたのである。

また一八年八月の西部戦線のアミアンの戦いで英軍は、歩兵・砲兵・戦車・航空勢力が（完全ではなかったものの）無線で調整し合い、相互支援により攻撃をする、本格的で近代的なコンバインド・アームズの戦いを成功させた。諸兵科連合の戦術も格段に進歩していたのである。

黒沢文貴氏の研究によると、大戦後にもなお、陸軍将校レベルには、大戦の教訓をヨーロッパ戦場に限る特殊なものと捉え、日本軍の想定する満洲のような戦場に陣地戦の火力重視は当てはまらないとして、歩兵の「肉弾的精神」の向上や精神力を重視する意見が見られたという。むろん日本軍にも科学戦や軍装備の近代化を重視する考えもあったが、経済の後進性や資源不足といった足枷《あしかせ》があった。

## 独軍に倣った作戦

片山杜秀氏は、神尾について「近代日本の戦史の中では珍しい部類の、合理的で近代的ないくさを青島で指揮し、物量で勝つのがこれからの戦争という、いかにも第一次世界大戦的な、総力戦時代の幕開けにふさわしい戦訓を遺した将軍」と高く評価した。筆者も日本軍は合理的な「正攻法」の戦いをしたと思うが、これは神尾中将の資質もあるが、参謀本部が練った作戦自体がそうであったからとも思う。また、日本軍は独軍に倣《なら》い、独軍が想定した戦い方をしていたと言えそうである。

青島戦役の作戦経過を、独軍が一九〇六年に改正した歩兵操典《ほへいそうてん》、なかでも青島戦役のような要塞の攻囲戦にもつながる野戦築城陣地に対する攻撃の章を参考に振り返ってみよう。攻撃は近接法、突撃準備、突撃実施の三段階に分かれる。まずは敵陣地に十分近づくこと（近接法）が重要であるが、それには夜の暗闇を利用することが原則であり、昼間でも大丈夫なのは砲火の支援が十分な場合だけとある。まさに青島の日本軍歩工兵は砲撃支援を受けながら、夜間に少しずつ敵に近づいた。ついで突撃準備は、歩兵の突撃陣地占領、砲兵の統一的指揮、障害物除去、払暁《ふつぎょう》（朝方）の猛烈な火戦による突撃路の準備からなる。先にも述べたように「払暁」の突撃路の準備は、結果として独軍操典の裏をかく形で夜間におこない朝方にはならなかったが、これもほぼ日本軍が実施したことである。突撃は、奇襲・陽動《ようどう》・突進の「統一と整斉《せいせい》［揃っていること］」からなり、「格闘に関わる決戦」などがこれに続く。突撃の最終局面の「格闘に関わる決戦」が白兵戦に相当するだろう。

むろん日本陸軍の操典自体が独軍操典の影響を強く受けているので似るのは当然であるが、いささか皮肉なことに、大筋で独軍が想定した戦い方を、独陸軍の「弟子」とも呼ばれた日本陸軍は青島で実施したと言えそうである。合理性や人命を軽視しない戦い方は独陸軍に倣ったとも言えよう。

もっともドイツの新聞はそうは見なかった。『ベルリン日報』（十一月十二日付け）は、工兵隊が多くの人命を犠牲にして独軍火薬庫を爆破したことを伝え、青島戦役でも日本軍は「かつて対露戦で示したのと同様に、人命を軽視して急襲を実施した」と伝えた。

## 青島独軍の戦い方

冒頭で述べたように日独双方の死傷者数が抑えられた要因には日本軍の戦い方のみならず、独軍の戦い方も大きかったように思う。

独軍は日本軍の上陸を許してからは、一撃離脱戦法を取り、日本軍の前進を妨げる「防勢攻撃」は十分しなかった。日本軍の着弾観測に適した高地の孤山《こざん》・浮山《ふざん》ラインも易々と明け渡し、日本軍の総攻撃が始まってからは、効果が見込まれるが被害も大きい夜襲はしなかった。日本軍に犠牲を強いることよりも、自軍の兵員の損耗を抑えることを第一としたのである。独軍が徹底抗戦を貫いていたら双方の死傷者も増したであろう。双方の死傷者が少なくて済んだのは、援軍をまったく期待できなかった青島の独軍の負けを前提とした、このような戦い方のおかげでもあった。

逆に日本軍が青島の独軍の立場だったらどうだったろうか。少しでも敵に損害を与えるために夜襲や、銃剣突撃による白兵戦を挑んだかもしれない。

## 見過ごされた白兵主義の問題

おさらいをすれば、白兵というのは抜き身の刀や剣・槍を意味し、白兵戦とはもともとはそのような白兵の武器を手にした戦いであったが、その後、銃剣突撃などの至近距離での戦闘を意味するようになった。戦争の歴史を見ると、銃器・火砲の発達で白兵主義はすたれると思われたが、日露戦争での日本軍の戦い方で見直されるようになった。とは言っても、全面的に日本軍の捨て身の銃剣突撃が称賛されたのではない。日露戦争後に改正された独軍歩兵操典でも、敵の射撃が減少し陣地撤去などが察知されたときには「突入を以て唯一の方法」とするとあり、むやみに銃剣突撃を重視していたのではなかった。

ところが、小数賀良二氏の興味深い研究が明らかにしたように、このドイツの改正操典は銃剣突撃を重視しているかのようにねじ曲げて日本に紹介され、さらに一九〇九年の日本陸軍歩兵操典の改正では、白兵戦を歩兵戦闘の中心に据える白兵主義が採用された。ドイツの新聞でも奇異の念を抱くような火力軽視と白兵偏重であり、こんにちの視点から見れば、まさに人命軽視であり、人の命を物量に代えようとする発想が見え隠れする。

もちろん実際の戦闘は操典通りにおこなわれるものではない。青島戦役で神尾は、火力をむしろ重視した。優勢な火力で敵を圧倒して近接した上で、敵の様子を偵察し、反撃が減少した堡塁に突進を命じた。先に述べたように、独軍が正攻法とした戦い方と言ってもよさそうである。

見てきたように青島でも白兵戦に類する戦いはあったものの、総じて白兵戦にはならなかった。その理由の一つは、独軍守備隊が砲弾・機関銃弾がほぼ尽きた段階で、現場の判断で降伏したことである。独軍は「火戦」の手段が尽きた段階で戦闘の勝敗は決したと見て、勝敗が決まれば降伏も許されると考えたのであろう。それ以上の抵抗は効果が見込めず、無駄に味方の人命を喪うだけである。

思うに白兵主義が生きるのは、優勢な火力があってである。むやみに突撃しても勝てるものではない。神尾の戦い方と独軍の対応は、白兵主義を見直す機会も提供していたように思えるが、白兵主義の問題は見過ごされた。第一次世界大戦後、日本陸軍は装備の近代化に遅れ、それを糊塗《こと》するかのごとく攻撃精神を強調し白兵主義に拘泥《こうでい》した。それが、その後の戦争での日本軍の悲惨な銃剣突撃の多用に結びついたのではなかろうか。

日本軍は青島の独軍から、「降伏」して捕虜となるという選択肢を学べなかったのだろうか。攻撃精神を重視してきた日本陸軍にこれを求めるのは絵空事の類であろうが、第一次大戦時おそらく世界最強であった独軍も、劣ると見なしていた相手の日本軍に対して、現場でも司令部レベルでも降伏しているのである。

## 「降伏」という選択肢

降伏して捕虜になることが不名誉なことであることは、古今東西の軍隊で一致している。司令部「意見」でも、ドイツ兵捕虜について「今回の捕虜の如き其の多数は最後まで抵抗を持続」した者ではないので、「豪《ごう》も彼等に対し敬意を払う必要なし」としている。しかし、捕虜になることは、戦死よりは相手に負担を強いる場合が多いので、相手が国際法（交戦規則）を順守するのであれば、合理的に考えると捕虜になる方が味方を助けることになる。たとえば日露戦争の奉天《ほうてん》会戦では、露軍は兵力三一万名のうち約九万名が死傷し、約二万名が捕虜になった。交戦規則を順守した日本軍にとってこの二万名の捕虜は大きな足枷となり、砲弾・弾薬不足もあって、敗走する露軍の追撃を断念した。捕虜になることは、このように味方を助けることもあるのである。

おそらく降伏して捕虜となるという選択肢は、欧米の人間観と戦争観のバランスの上に成り立っており、降伏が交戦規則に盛り込まれたのは戦争が過度に残酷なものにならないようにするためであったろう。また、捕虜を取る側には、健康な捕虜であれば労働力として利用できるというメリットもあった。第一次大戦中には少なくとも、英仏などの連合国側の兵員の三八〇万名、独墺などの中央同盟国側で三一〇万名、合計で六九〇万名が捕虜となっていたという。この現実を考えれば、捕虜として投降する選択肢を兵士に与えることと、死力を尽くして戦った後になおも生き残る道が残されていることは、軍組織を欧米並みに「健全」に保つために日本軍にも必要であったように思う。日本国内の各地の収容所には、四〇〇〇名を超えるドイツ兵捕虜という「お手本」もいた。

しかし、日本軍はそうならず、むしろ逆の方向に進み、日中戦争中の一九四一年一月、時の東条英機《とうじょうひでき》陸軍大臣が布達した「戦陣訓《せんじんくん》」には、「生きて虜囚《りょしゅう》の辱《はずかしめ》を受けず」という一節が盛り込まれた。日中戦争が泥沼化し、捕虜となる兵士が増えたことに苛立った結果とも言われるが、この訓諭は、吉田裕氏が言うように、陸軍兵士の戦場における自主的な投降を「理念的に否定」し、そのために「多くの将兵が無益な死を強いられることとなった」のである。

## 青島総督の降伏の決断

司令官レベルでの降伏も見ておこう。七日の午後に青島総督は命令を発したが、それは降伏を説明する内容であった。総督は「敵の砲撃下において過去九日間にわたる連日連夜の奮闘にもかかわらず、我が要塞は戦利あらずして本朝まったく力つき、敵のため中央陣地を突破され、その後、敵が青島市内にも闖《ちん》入《にゅう》せんとする状況に陥ったので、ここに余は涙を飲んで降伏を決意するのやむなきに至った」と述べ、青島市街を守ることを降伏の大義とした上で、「余は勇敢なる将士に対し過去三ヵ月における抵抗と忠実なる義務履行とに満腔《まんこう》の感謝と称賛を捧げるものである」と続けた。

先にも述べたが、市街戦を避けるというのが降伏の大きな理由であった。確かに守備軍が全軍単位で降伏をしないで攻囲軍が市街に流れ込むと、市民が巻き添えをくったり、残虐行為が起こることがあることは、その後の歴史が示している。

ただ、もう一つ重要なことは、スティーヴンソン氏が指摘しているように、当時の要塞攻囲戦の不文律として「要塞を突破」された時点で「名誉の降伏」ができることになっていたことであろう。ヴァルデック総督はそれを十分意識して降伏したと思われる。名誉を重んじる部下の将兵たちも総督の決断であればこそ不名誉な降伏を受け入れたのだろうし、これで部下の無駄死や市民の犠牲・被害も避けられたのである。

## 「人種戦争」としての日独戦争

大戦期にイギリスで最大の発行部数を誇っていた日刊紙『デイリー・ミラー』は、一九一四年十月十六日、「ドイツの諷刺画におけるイギリスとその同盟諸国」という記事で、出っ歯に吊り目・髭面《ひげづら》・がに股の人種主義的ステレオタイプに基づく日本兵（図32）を紹介し、日本兵は「ドイツ人の憎悪の的」であると書いた。

この頃のドイツ人一般の日本に対する感情を一言で表現するとしたら、「憎悪」と言ってよいだろうし、青島の陥落でこの憎悪は頂点に達した。対日憎悪を示す人種差別的なドイツの諷刺画は数多くある。たとえば戦いの後の諷刺画「青島」（図33）である。ドイツ兵は剣も折れて倒れている。イギリス兵は蛇《へび》でその足に巻き付いている。一方、日本兵は釣り目、そっ歯の大猿である。その胸には折れた剣が突き刺さっており、ドイツ兵が大軍の日本軍相手に奮戦しながら敗れたことを示している。

青島のドイツ兵も、同じような憎悪と人種偏見で日本兵を見ていたであろ

図32　ドイツの諷刺画で描かれた日本兵（*Daily Mirror*, 1914年10月16日）

図33　諷刺画「青島」(*Meggendorfer-Blätter*, 1914年11月26日)

う。九月二十九日、モルトケ山の防御施設に上ったある軍曹《ぐんそう》は壕《ごう》に飛び込んで、部下に向かって、「ここで我々が勝利を得ることはできない。死ぬだけだ」と悲壮な決意を述べて続けた。「それでも死ぬ前に、できるだけ沢山の黄色い類人猿どもを、あの世に道連れにしてやれ」と。彼らにとって青島の戦いは、「黄色い類人猿」との戦いなのだった。兵士のみならず、『ベルリン日報』（十一月二日付け）によれば、著名な経済学者・社会学者のヴェルナー・ゾンバルトも同じで、数多くの日本人と接してきたが「すでに戦前から日本人を人間と見なしたことはなく、並外れて教えやすい原猿類［下等なサル類］と見なしてきた」と述べていた。

このような日本人や黄色人種に対する蔑視感情は、当時の白人に当たり前のように共有されていたし、戦いを前にして敵愾心《てきがいしん》が高揚するなかではなおさらだったろう。よいことではないが、敵に対して人種主義的な偏見を持つことは普通だった。その意味では、日独戦争にも「人種戦争」的な一面があったが、それはあくまでも戦争の一側面であり、人種対立を中心とした戦争であったとはいえない。

興味深いことに味方である英軍将校にも、似たような偏見を抱く者がいた。総攻撃に加われなかったことに不満を募らせたある将校は、日本人将校の「うぬぼれ」は「恐るべきもの」であり、「悪だくらみは国民的特質である」と書いた。

この戦いは、解釈によっては「人種戦争」として白人の記憶に残る可能性もあった。ドイツ側から最終局面を観戦していたアメリカ人記者は、ヴァルデック総督が降伏せずに「不公平な戦い」が続いていたら部下は数時間しか持ちこたえられず、「アラモのようになっていただろう」と書いた。一九世紀半ば、アラモ砦《とりで》を守る二〇〇名のテキサス義勇兵守備隊は、四〇〇〇名のメキシコ軍に包囲されて、一二日間持ちこたえた後に全滅した。アラモは野蛮な異人種に対するアメリカ白人の聖戦の記憶であった。記者はさらにこう続けた。アラモになっていたら、「ドイツ人守備隊の名は、歴史を通して、黄色人種の侵攻に対して最後の一人まで抵抗した英雄的な白人の一団として称揚されたであろう」と。

もちろん、そのようにはならなかった。仮に独軍が殲滅《せんめつ》されていたとしても、青島の戦いが「白人のアラモ」となったかはわからないが、アラモがそうであったように、手痛い敗北は時として国民を糾合する力を持つ。

ドイツでの報道を見てみよう。早くも十一月八日『フランクフルト新聞』は、「英雄的抵抗」の末、青島が陥落したと伝え、『ベルリン日報』も最後の凄まじい要塞戦で双方とも大きな損害を被ったが、日本軍は援軍を新たに投入でき、「英雄的な独軍守備隊も屈服せざるを得なかった」と書いた。この日、ドイツ帝国議会議長はカイザーに電報を送り、「全ドイツ国民は、青島の陥落に対して、心の底から奮起し、感動いたしております。青島は最後の瞬間まで、死に物狂いで防御いたしましたが、敵の［数的な］優位に屈服せざるを得ませんでした」と伝えた。議長は、「ドイツ文化が極東で再びしかるべき地位を占める日が訪れ、青島の英雄たちは決して無駄に血を流し、命を犠牲にしたのではなくなるでしょう」と締めくくった。英雄的な抵抗、数に優る敵によるやむを得ない敗北、将来の勝利の約束といった要素が、ここには見受けられる。ただ、「アラモを忘れるな」という標語はアメリカ国民を一つにしたが、大戦が長く、さらに悲惨な戦いが続いたためであろうか、青島はドイツ国民の聖戦の象徴とはならなかった。

# 関係者のその後

関係者の人物像とその後を見てみよう。

## 冷静沈着な神尾光臣

まずは神尾である。イギリス駐日大使館陸軍武官ロバートソン少佐は覚書で神尾について、「なかなかの中国問題の専門家」と書き、「いくぶん控えめ」で「穏やかな気性」の持ち主で、「作戦計画において慎重でありがちな将官であると思われている」と評した。少佐は本人にも会っており、人物印象としては確かであったろう。

バーディック氏も神尾が「経験も知識もとても豊かな軍人」であり、中国通として著名で、「穏かで心の広い魅力的な」人柄で多くの知己を得ていると評し、細部への綿密な注意、幕僚業務の鋭敏な理解、幅広い経験から信頼を得ていたと述べている。

スティーヴンソン氏も「神尾は、効果的で良く訓練された軍隊の慎重でプロフェッショナルな司令官であることを自ら示した」と評価した。神尾の評判は悪くない。神尾はその後、大将の地位まで登りつめた。

## 山梨半造のトラウマ

山梨半造参謀長はどうだったか。ロバートソンは覚書で、山梨がドイツ人に対してトラウマを抱いていたことを伝えている。日露戦争で奥保鞏《おくやすかた》の第二軍の参謀を務めていたときに、山梨はドイツ人について好ましからざる表現をしたことがあったという。その理由は若き将校として独軍に配属されたときに、バカにされたことを決して許していなかったためだとロバートソンは言う。先に紹介した司令部「意見」は、山梨参謀長名で提出されており、最後まで抵抗せずに捕虜となったドイツ兵に「敬意を払う必要なし」といった評価には、彼のドイツ人に対する複雑な思いが反映していたのかもしれない。バーディック氏は山梨を、寡黙な神尾とは対照的に、カッとなりやすくて感情的だが、社交的な人物と評した。いずれにしろ、戦後処理などを見ると山梨が有能で率直な人柄であったことがわかる。

山梨は一九一八年には陸軍次官となり、二一年からは原敬《はらたかし》・高橋是清《たかはしこれきよ》・加藤友三郎《かとうともさぶろう》と三代の内閣で陸軍大臣を務め、二二年からは陸軍の軍縮を実施した。この軍縮はその名を冠して山梨軍縮とも呼ばれた。

## マイヤー＝ヴァルデックのその後

ドイツ降伏後、十一月九日の『東京朝日新聞』に福島安正《ふくしまやすまさ》は所感を寄せ、マイヤー＝ヴァルデックを「独逸《ドイツ》有数の戦術家たるのみならず文武兼備の良将」と称えた。福島は、「居留独逸人の統御」に巧みであるだけでなく、中国人の間からも「非常に人望を得て居た」として「敵乍《なが》らも遖《あっぱ》れな武人と云ふに憚《はばか》らぬ」とヴァルデックを称賛した。敗将を称える惻隠《そくいん》の情も感じられる人物評である。

また福島は独軍について、総攻撃開始後一週間も持ちこたえたのはむしろ「善戦した方」であり、今回の陥落で敵に戦意がなかったとか、最後まで決戦しなかったというのは、日本軍の攻撃力が最善でなかったと見なすのと同じであると述べて、むしろ「我が精鋭無比なる総攻撃の下に流石《さすが》の敵も弓折れ矢尽きて」降伏を申し出たと見るのが妥当であろうと締めくくった。

一方、ヴァルデック自身は捕虜生活に相当不満を抱いたようだった。降伏後、初めて会見したときに神尾が「旅情を慰藉《いしゃ》［なぐさめること］する上において」できる限りのことをすると述べたことを引き合いに出し、「本好意も結局は日本人の常套《じょうとう》的挨拶に過ぎなかった」と後に述べている。

ヴァルデックは日本での捕虜生活中に二度昇進し中将になり、一九二〇年五月にドイツに帰還した。彼はドイツに戻ると早速、新聞に「帰来談」を発表し、その要旨は外務省経由で、陸軍次官になっていた山梨に伝えられた。ヴァルデックは、日本がドイツ捕虜を武士道精神で優待したという現地の噂を「全く事実に反」すると指摘し、「旧師」であるドイツに対して多少なりとも尊敬や感謝を表すべきであったのに日本陸軍軍人はそうしなかったと苦言を呈した。ただ彼は休戦後、日本の対独世論が著しく好転したことも伝え、ドイツ製品に対する需要も大きく、ドイツが巧みな外交をすれば「昔日《せきじつ》の友好関係を再開」することも難しくないと、日独関係の将来について明るい見通しを披歴した。

### 歓待された社交将軍バーナージストン

先に見たように司令部「意見」は裏で英軍を酷評していたが、陸軍省は公報で総攻撃に英軍が加わらなかった事実《こと》を糊塗し、日本軍工兵小隊の突撃に続いて、英軍も「攻撃前進を起こし敵陣に突入せり」とあたかも総攻撃に続いたかのように描き、新聞報道もそれに倣った。

イギリスに対する政治的配慮は続き、日本政府はその限定された貢献には目をつぶって、バーナージストン将軍を名将であるかのように称賛し、一九一四年十二月に日本に招待し、国賓《こくひん》待遇の一大歓迎セレモニーを催した。樋《ひ》渡《わたり》盛広《まさひろ》少佐は調整に当たり、彼の娘二人は将軍に歓迎の花篭を渡した。将軍は大正天皇にも拝謁した。日本側はバーナージストンを歓待して、日英の友好関係を演出したつもりであったろうが、イギリス外務省、少なくと

図34　バーナージストンに花籠を贈る樋渡の娘たち（『東京朝日新聞』1914年12月13日）

も極東部長オールストンは、将軍が大歓迎を受け、日本流のお世辞で褒めそやされたことを、「起こり得る批判を抑えるためのお定まりの日本流のやり方」と辛辣に捉えた。

イギリス本国に戻ったバーナージストンは、一九一五年三月にロンドンで演説をし、日本軍部隊は「訓練が完備している上に自発的資質が十分ある」とし「日本軍司令官は作戦は正確で、任侠かつ忠君の念が厚い」と称揚したという。社交将軍とも呼ばれたバーナージストンの面目躍如である。ただイギリスでは、総攻撃時に英軍が突撃をしなかったことが日本側で報じられたため、それをめぐって世論が沸騰する一幕もあったという。バーナージストンは目立った戦績を挙げることもなく、停戦の翌年の一九一九年八月に亡くなった。一方、彼の接待に奔走した樋渡は、同じ一九年十一月に退役してしまった。

## 捕虜たちと人道的措置

近代になって科学技術の発展とともに、兵器の殺傷力は飛躍的に高まり、戦争はより悲惨で残酷なものとなった。一方で、近代においては、戦争をより人道的なものとする試みもおこなわれるようになった。

青島戦役中の一九一四年十月、神尾司令官は市民の犠牲を極力防ぎたいと考え、天皇も不要な人命の犠牲は避けたいと望んでいるとして、ヴァルデック総督に非戦闘員の退去を求める嘆願を送った。総督も嘆願を歓迎し、十月十三日両軍の使者は中間点で会って協議をして合意し、総督はそれを受けて非戦闘員に退去の機会を与えると布告した。ドイツ人看護婦二名、アメリカ領事などが退去を決め、小さな蒸気船で青島を出た。双方の合意で人道的な措置がなされ、このことはドイツでも報じられた。

医療現場での赤十字の活動も、戦争の人道化の試みの一つである。日本赤十字（日赤）の活動をまとめた小菅信子氏の研究によると、青島の戦いでも日赤は看護婦を現地に派遣して、戦傷病者の治療と看護に当たらせた。敵味方を問わずであったから、ドイツ兵も日本人看護婦の手厚い看護を受けた。一九一四年の暮れには、青島の病院でドイツ兵と看護婦のクリスマスパーティも催された。そこで当局は、日本人看護婦が捕虜のドイツ兵と必要以上に親しくなることを警戒したというエピソードもある。

また四六〇〇名あまりの独墺の捕虜は日本各地の収容所に送られた。冨田弘氏と瀬戸武彦氏の研究によると、南洋群島の捕虜一四名のうち九名は宣誓解放された。また、日本本土内の収容所から脱走に成功して中国に逃げた将校が一九一五年に四名いたが、ドイツに戻れたのは一人だけだったという。兵卒では一名、一六年に静岡収容所から脱走に成功し、東京・上海・シベリアを経て一八年にドイツに帰還を果たした人物がいた。彼は二〇年に上海に戻り、現地で事業を起こして一時成功したという。

日本にいた捕虜で収容中に亡くなったのは、一説に八七名と多くはない。休戦後、捕虜のなかで早い者は一九一九年半ば、大多数は同年十二月に帰国の途についたが、望んで青島に戻ったり、日本に残った者もいた。ヴァルデック総督は最後の送還船で、二〇年三月に神戸を出た。

# 山東半島のその後

## 対華二十一ヵ条要求と山東半島

戦役後、膠州湾租借地の統治は日本軍の軍政に委ねられたが、一九一四年十二月終わりに日本人の渡航が解禁されると、流入した日本の民間人による窃盗・略奪などの犯罪が多発したとイギリス外交官エックフォードは報告している。他にも彼は、傲慢な日本軍哨兵《しょうへい》が中国人を銃撃した事件などを事細かに報告したが、年が明けるとはるかに重大な事態が生じた。一五年一月十八日に日本が中国に対して二十一ヵ条要求を発したのである。

五号からなる要求の第一号がまさに「山東省《さんとうしょう》に関する条項」であり、四条項から成っていた。第一条では、ドイツ政府が山東省に関して条約などで有する権利・利益を譲与する処分においては、日本政府がドイツ政府と協定した場合のすべての事項を中国政府は承認すること、となっていた。つまり山東省のドイツ権益については、ドイツと将来協定するので、中国は口出しをするなということである。また第三条では新たに日本による鉄道敷設権なども要求していた。これだけを読むと、対独最後通牒に盛り込まれた中国への膠州湾租借地の返還について前向きには見えない。

ただ奈良岡氏の研究が明らかにしているように、加藤高明《かとうたかあき》外相はこの第一号に挙げた山東権益を満蒙《まんもう》権益の延長などの本命の要求を認めさせるための「代償」、それも唯一の切り札とさえ考えていた。二十一ヵ条要求をめぐる日中間の交渉は難航したが、とくに当初はイギリスにさえ隠していた、日本人の政治・財政・軍事顧問を中国政府へ招聘《しょうへい》することを求めるなどした第五号要求（希望事項であった）が過大であった。五月に入り、イギリスは日中間の武力衝突もあり得る情勢を憂慮し、日本側に譲歩を勧告した。日本政府は第五号要求を外して、五月七日に最後通牒を発した。袁世凱《えんせいがい》は列強、とくにアメリカの圧力を誘って対抗したが大きな効果はなく、やむなく要求を受け入れた。中国ではこれを受諾した五月九日が国恥記念日として記憶に刻まれるようになる。

加藤外交を語る際に二十一ヵ条要求の評価は避けられないが、これを加藤外交「最大の汚点」と見る意見が大勢である。ただ、満洲権益の確保という目的は達成され、関東州の租借期限や満鉄の買い戻し請求権発生期限は九九年延長された。最終的に外した第五号がなければ、奈良岡氏が述べているように、要求は「洗練された帝国主義外交」として欧米列強から問題なく承認されていたかもしれない。

研究史では、第五号については、それも達成しようとしていたという以前あった見解が、あくまでも要求妥結の譲歩の材料という位置づけに変わった。結果的にそうなったことには異論はないだろう。ただ、奈良岡氏の研究は加藤の交渉過程を丹念に追い、第五号に最後までこだわっていたことを明らかにしている。

第五号でなく、本来の譲歩材料だった山東権益はどうなったのだろうか。中国側の要求の受諾で、日中は一連の条約（二十一ヵ条条約と呼ばれる）を結んだが、その一つとして「山東省に関する条約」が五月二十五日に調印された。この条約では、将来日独間でドイツ権益処分が協定された場合の中国の受諾を予約させたが、一方、交換公文《こうかんこうぶん》で、膠州湾租借地については、湾の商港としての開放、日本の専管《せんかん》や共同の居留地の設置などを条件にして、中国に還付することを声明した。一応、条件付きながら膠州湾租借地は中国に還付される道筋が示され、山東条項での譲歩が見られた。ただ、連合国側が勝利したにもかかわらず、山東問題はこじれ続けた。山東条項は日中間の交渉において、本当に有効なカードであったといえるのだろうか。

閣内で加藤外交を批判していた尾崎行雄《おざきゆきお》は、膠州湾租借地を中国に返還するためにいったん日本に引き渡すよう最後通牒でドイツに要求したことを問題視していた。中国に還付すると公にしてしまったので、中国はそれを前提としてしまい、「還すといっても、有難いとも何とも思わなかった」というのである。尾崎は日英同盟の「誼《よしみ》」で強引に参戦し、青島を攻略して保持してから返還するなら、「好意の土産物となったであろう」と述べている。これはこれで卓見であろう。つまり加藤は、イギリスの了解を得る（そしてアメリカも納得させる）ことにこだわって、還付という切り札を早々と切ってしまって、自ら交渉カードの価値を減じてしまったのである。さらに還付に後出しで条件を付けたこともあって、山東問題はこじれ続けることになる。

## 山東問題の解決

大戦の進行中に日本政府の顔ぶれも変わった。加藤高明は一五年八月に国内の政治問題を機に外相を辞任し、大隈重信《おおくましげのぶ》首相が一時兼務した後に、十月、大戦勃発時のフランス大使石井菊次郎《いしいきくじろう》が新たに外相に就任した。高齢の大隈は十六年六月に辞意を表し、加藤を後継首相に据えようとした。伊藤氏が述べているように、これは元老山県有朋《やまがたありとも》と大隈の「二人の闘い」となった。大隈は大正天皇とジャーナリズムの支持を当てにしたがうまくいかず、西園寺公望《さいおんじきんもち》を元老に加えて脇を固めた山県の周到な工作に太刀打ちできなかった。大隈の「完敗」で、一九一六年十月、山県の推す寺内《てらうち》正毅《まさたけ》が首相となった。その前、中国では袁世凱が自らを皇帝と称して帝制を敷こうとしたが日本の強い反対で果たせず、一六年六月に死去していた。日本は一七年二月にイギリスから将来の講和会議での山東権益に関する日本の立場に、事前の了解を取り付けた。

第一次大戦は、力尽きて休戦を申し出たドイツが、一八年十一月十一日に不利な休戦条件を受け入れて終わった。ドイツ皇帝ヴィルヘルム二世は、休戦前に退位に承諾し、オランダに亡命していた。

山東権益の問題は、南洋群島の帰属問題とともに、一九一九年一月からのパリ講和会議に委ねられることになった。日本の内閣は原敬内閣（一八年九月～二一年十一月）で、外相は内田康哉《うちだやすや》（二三年九月初めまで外相）に代わっていた。原は大戦中の中国への勢力拡張政策に批判的で、英米との協調と対中融和に政策の舵を切った。

一九一九年四月三〇日の講和会議最高会議（四巨頭会議）で日本は、ドイツから無償・無条件で山東権益を獲得し、その後は先の条約に基づく日中間の交渉で中国に直接還付するという方針を認められた。遅ればせながら一七年八月に独墺に宣戦布告して参戦していた中国は戦勝国として会議に参加し、この方針に猛反対していたが押し切られた。中国本土では一九年五月四日、怒った学生が後に五・四運動として知られることになる反日抗議活動を始めた。ドイツ山東権益の日本への引き渡しはヴェルサイユ講和条約に盛り込まれたが、中国代表は六月二十八日の同条約調印を拒否した。

講和条約の発効後、日本政府は中国側に山東還付のための直接交渉の開始を提起したが、中国政府はかたくなにこれを拒絶した。還付に条件が付いていたことも、中国政府には不満であったろう。一方で一九二一年七月に、アメリカが戦後の太平洋・極東問題と海軍軍縮に関する国際会議（ワシントン会議）の開催を非公式に打診してきたので、日本側はアメリカの斡旋により会議前に山東問題の解決を目指すこととして譲歩案も出したが、中国側は頑強に無条件還付を主張し、まとまらなかった。

結局、山東問題は二一年十一月からのワシントン会議に持ち込まれた。英米も列席する日中間の直接交渉という、変則的な形式をとった山東問題協議会が十二月から始まり、二二年二月に山東懸案解決に関する条約と同付属書が調印され、さらに還付実施に関係する細目となる協定が十二月に調印された。租借地の行政権は元より、最も交渉が難航した山東鉄道も中国国庫証券と引き換えに中国に返還された。こうしてドイツの山東権益のほとんどは、中国に返還された。日本側に残された権益はわずかなものでしかなかった。

# 占領後の南洋群島

## 計画なき占領と委任統治

赤道以北のドイツ領南洋群島を占領した日本海軍は、一九一四年十二月から軍政を始めた。ただ、酒井一臣氏が指摘しているように「政府や海軍に綿密な占領計画があったわけではなく」、また南洋群島の活用についても「深慮がめぐらされていたわけではなかった」。面積では東京都に匹敵するものの、六二三の島々からなり農業には必ずしも適さず、燐鉱石《りんこうせき》はあったが、資源も他にはあまりない。早くも占領後の視察団は、その経済的価値を見限ったというが、価値は少なくても手放すという選択肢はない。

日本海軍も陸軍同様にヨーロッパへの派兵には慎重であったが、一九一六年には第一特務艦隊がシンガポールを基地としてインド洋・東南アジア海域の警備に就いた。一七年、

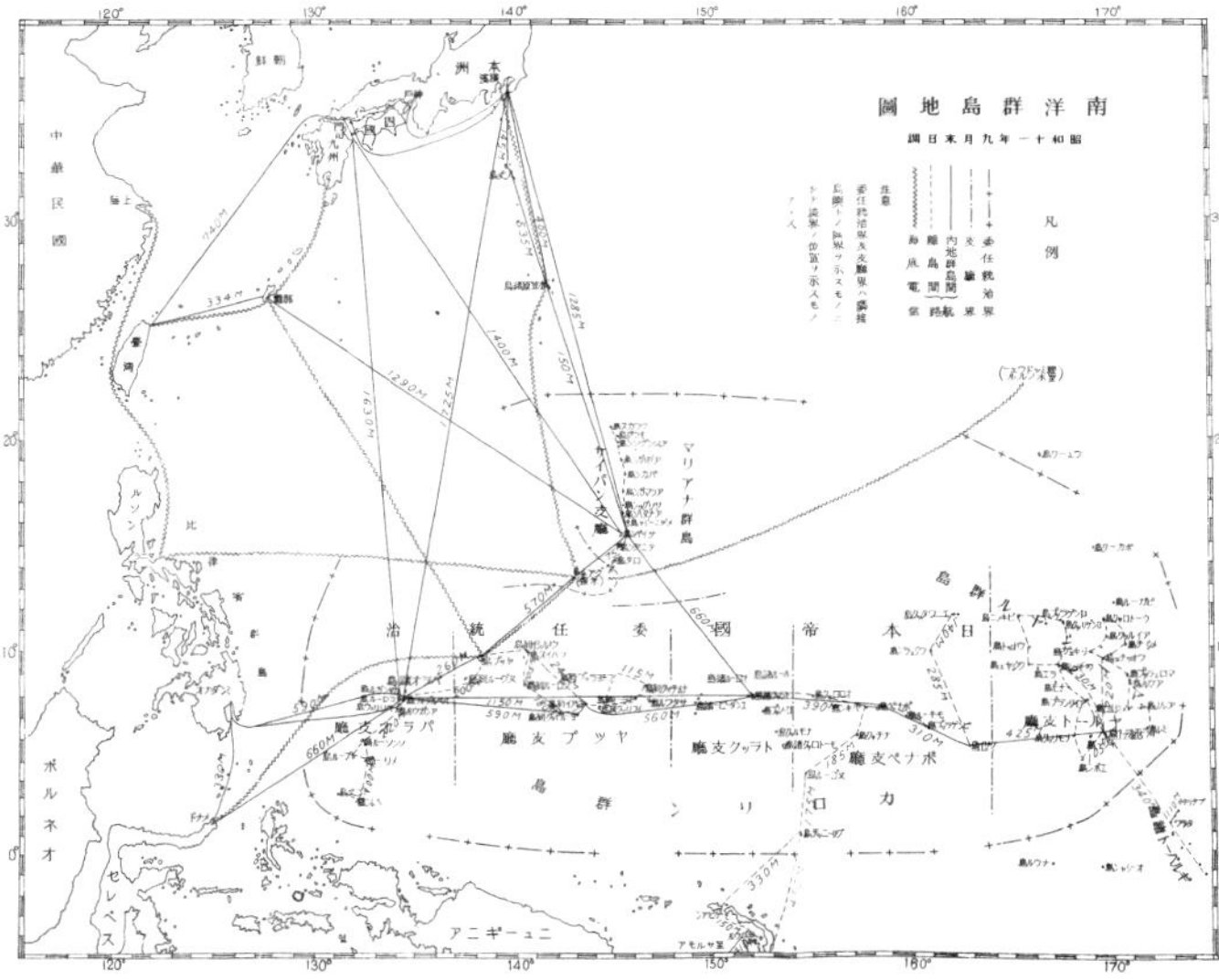


図35　南洋群島地図（『委任統治領南洋群島 前編』1962年）

イギリス政府が日本海軍の地中海派遣を要請してくると、日本側は戦後の南洋群島獲得を条件に交渉を進め、イギリス側から事実上の領有の保証を得ると、その見返りとして地中海に第二特務艦隊を派遣した。

ところがパリ講和会議が始まると、アメリカのウィルソン大統領がドイツ領土の他国への併合に反対した。日本側はイギリスとの密約で南洋群島を領有できるものと思っていたが、会議では妥協の産物として、ドイツ領植民地の「委任統治制度」が採用されることになった。最終的に太平洋のドイツ領植民地は、ドイツ領ニューギニア・ビスマルク諸島・ナウルがオーストラリア、ドイツ領サモアがニュージーランドの委任統治領となった。豪州首相の頑強な反対もあったが、日本はマーシャル諸島（ナウルを除く）・カロリン諸島、そしてグアム島を除くマリアナ諸島を委任統治領として得た。

**ナチスドイツとの領有権問題**

一九二〇年四月、国際連盟規約に則り日本は南洋群島の委任統治を受諾し、二二年三月には守備隊を撤退させ、軍政から南洋庁による官制の統治を始めた。日本は文明化の使命も負い、現地人の文明化とともに、皇民教育も実施した。南洋群島（南洋委任統治領）は統治国の義務として非武装化されたが、それにより日本は、アメリカ上院の批准拒否で連盟に不参加となったアメリカに対しても、アメリカ領グアムの非武装化を要求できた。

ところが一九三三年に日本は国際連盟を脱退してしまったので、連盟規約に則った南洋群島の委任統治は微妙な問題となった。さらに三三年一月、ドイツでヒトラー率いる国家社会主義ドイツ労働者党（ナチス）が政権を握ると、ドイツとの領有権問題が生じた。ナチスドイツは大戦での敗戦の結果結ばれた過酷なヴェルサイユ条約に基づく体制の打破を標榜し、宣伝相ゲッベルスは同条約で日英豪ニュージーランドの委任統治領となった旧ドイツ領太平洋諸島の回収を唱えた。南洋群島は日独間の紛争の火種となる恐れがあった。

しかし、その後、日独は一九三六年に防共協定を結び接近した。日本海軍は防共協定を同盟に発展させることに消極的であったが、同盟交渉で日本側は南洋群島の「譲渡」を求め、四〇年九月の日独伊三国軍事同盟条約の付属秘密交換公文で、ドイツは旧ドイツ領南洋群島を日本に「引き渡す」とした。南洋群島は委任統治領であったが、ドイツにもともとの主権があるというドイツ主権説に立った上での譲渡であり、南洋群島は同盟締結に消極的な海軍を締結へと促す材料の一つとなった。

ナチスドイツとの領有権問題はこのように解決したが、一九四一年十二月八日、日本は対米英戦（太平洋戦争）に突入し、第一次大戦でほとんど戦闘もなく獲得された南洋群島の島々の多くは悲惨で絶望的な戦場と化し、四四年に米軍に占領されてからは日本本土空襲の拠点となった。四五年八月十四日のポツダム宣言受諾後、三十日に日本の南洋庁長官と陸海軍指揮官は米海軍に降伏し、日本の南洋群島支配は正式に終わりを告げた。

# 日英同盟の終焉とその後の東アジア――エピローグ

ところで第一次世界大戦への日本参戦に深く影響した日英同盟関係は、その後、どうなったのか。

## 日英同盟の終焉

一九一一年七月に更新された第三回日英同盟協約の期限は一〇年で、更新期限が迫っていた（結果的には短期間自動更新された）。同盟継続には国際連盟規約の紛争平和処理条項との擦り合わせなどの問題もあったが、何よりも鍵を握っていたのはイギリスの考えだった。

時のイギリス外相ジョージ・カーゾンは、日独の接近を恐れ、二〇年二月の覚書で、修正の上、同盟を更新することを主張した。一方、二一年一月、外務省内の委員会は同盟を破棄し、英日米の三国協商に代えることを勧告した。カーゾンはこれを無視したが、この頃、同盟継続を受け入れていた海軍本部も更新反対論に転じた。イギリス連邦ではカナダが、強硬に更新に反対する旨を二一年一月に通告した。廃棄論もあるなかで、二一年五月の同盟に関する特別閣議で、ロイド＝ジョージ首相とカーゾンは「同盟を破棄する意向はない」とした。日本側も継続に乗り気であったから、この時点では内容はともかく同盟が継続する可能性は高かった。

アメリカは早いうちから同盟更新に反対していたが、中谷直司氏の考察によれば、イギリスの同盟政策の流れを変えたのは、二一年六月のアメリカの国務長官チャールズ・ヒューズと駐米イギリス大使の会談だったという。ヒューズは同盟更新に強く反対した。日英同盟の適用対象から外れていたものの、アメリカは日英同盟が日本の極東での拡張政策にお墨付きを与え、アメリカの中国における門戸開放政策の障害となると見ていた。同盟が日本の拡張主義を後押しするという懸念は、イギリス内の更新反対論にも見られた。一方、イギリス大使が日英同盟に代わるものとして日英米の三国協定案を持ちかけると、ヒューズはこれに「前向きな姿勢」を示した。

中谷氏によれば、アメリカの更新反対とともに、協定でアメリカの極東問題への関与が期待できるようになったことから、七月、ロイド＝ジョージは方針を変え、日英同盟に代わる多国間協定が成立した場合、同盟を終わらせることにし、カーゾンもこれに従ったという。問題は日本側の感情を傷つけずにそれを実現することとなった。折からワシントン会議の開催提案があり、同盟更新問題はそこに持ち込まれる。日本側は同盟継続を望んではいたが、強く固執していたのでもなく、ワシントン会議で極東・太平洋問題でアメリカと何らかの了解が成立し、日英米三国間で協商なり協定が同盟に代わるものとして結ばれるならば、それでもよいという考えだった。ワシントン会議開催の八日前、原敬《はらたかし》首相は暗殺され、高橋是清《たかはしこれきよ》が首相になったが、内田康哉《うちだやすや》外相は留任し、日本の方針に変更はなかった。

日英同盟の運命は最終的には会議の成否に委ねられたが、十一月半ばからの会議でイギリス政府代表は三国協定案を提起し、日本側は交渉全権の一人の幣原喜重郎《しではらきじゅうろう》が同案から軍事色の一掃を図り、アメリカの希望によりフランスも加わって、日英同盟に代わり日英米仏による四ヵ国条約（太平洋に関する四国条約）が十二月に調印され、二三年八月に発効した。日英同盟はこれで消滅し、アメリカは邪魔な日英同盟を解消させることに成功した。

## 加藤内閣の誕生

大戦中の一九一五年二月に日露同盟締結を元老山県有朋《やまがたありとも》が提案したとき、加藤高明《かとうたかあき》外相は「ウィスキーに水を割り過ぎる」として黙殺したことがあった。四国条約は軍事同盟ですらなく当事国も多く、水を割り過ぎたのみならず、中身にも実効性がなかった。

日本では高橋に次いで、加藤友三郎《かとうともさぶろう》内閣・山本権兵衛《やまもとごんべえ》内閣（第二次）と二代にわたり海軍出身者の内閣が続いた。その後、短期間の清浦奎吾《きようらけいご》内閣に次いで、一九二四年六月に加藤高明が六四歳で待望の首相に就任した。九年前に加藤を首相に推挙した大隈は二二年一月に、それに反対した元老の山県は二月に亡くなっていた。

日英同盟消滅後に加藤内閣が誕生したのは歴史のめぐり合わせに過ぎないが、奈良岡氏の研究によれば、加藤の外交姿勢の変化も微妙に影響していたといわれる。とくに加藤は戦後、二十一ヵ条要求に対する批判が中国で高まると弁明に終始し、山東問題が解決すると代償が少ないと批判したが、そのような外交姿勢に不安を覚えた元老の西園寺公望《さいおんじきんもち》は加藤を政権から遠ざけたという。加藤は一九二三年秋に政権を逃してから、二十一ヵ条要求に対する弁明をやめ、対中国内政不干渉と国際協調重視に外交方針を転換した。首相に就任すると、加藤は義弟の幣原を外相に登用し、同様の外交方針を進める幣原を後押しした。しかし、加藤には残された時間はあまりなかった。二六年一月、加藤は首相在任のまま病に倒れ、帰らぬ人になった。

## 同盟破棄の影響

加藤政権を引き継いだのは、参戦時に番町《ばんちょう》密議にも加わった加藤の腹心の若槻礼次郎《わかつきれいじろう》で、幣原は留任し二七年四月まで外相を務めた。幣原は、対英米協調・対中国内政不干渉政策をとるとともに、中国に対する武力干渉も嫌った。中国では北方軍閥が跋扈《ばっこ》し、それを倒そうと蔣介石《しょうかいせき》率いる国民革命軍が北伐《ほくばつ》（北上作戦）を開始して政情は不安定で、イギリスにとって日本の軍事協力を必要とする事態も生じた。

二七年一月、中国国民革命軍が北上し上海が戦火に巻き込まれる危険が生じると、イギリスは日本に上海防衛のための共同出兵を要請してきたが、幣原はこれを断った。イギリスは単独出兵せざるを得なかった。続く三月に国民革命軍と北方軍閥の軍が南京で衝突し列強に被害が生じたとき、英米は砲艦により武力介入し、日本にも参加を要請したが幣原は断り続けた。幣原は英米、とくにアメリカとの協調を重視したが、軍事力行使に慎重で世論や議会から軟弱外交との非難を受け、四月に政権交代とともに外相ポストを去った。

もしも四国条約のように「薄い」関係ではなく、日英同盟のように「濃い」二国間関係であったならば、日英の中国における利益が危殆《きたい》に瀕するような事態で、共同出兵を断ることは幣原といえどもなかったのではなかろうか。日英同盟の消滅は、イギリス外交にもそれなりの代償を強いたといえそうである。

二七年四月から首相に就いた陸軍出身の田中義一《たなかぎいち》は外相も兼任し、幣原と逆に積極的に中国に武力介入した。山東省《さんとうしょう》の日本人居留民や日本の権益を守るために、田中は早くも六月に山東半島に出兵し、翌二八年四月に再度出兵し五月には国民革命軍と戦火を交えた（済南事件）。さらに六月には関東軍が、北方軍閥の総帥、張作霖《ちょうさくりん》を爆殺する事件を起こし、これは田中の承知しないところで起きた事件ではあったが、事後処理をめぐって昭和天皇（二六年に皇位継承）に促されて田中は辞任した。しかし、関東軍の謀略はさらに続き、一九三一年九月に満洲事変を引き起こした。満洲事変と翌三二年の満洲国建国、それに関する国際連盟の報告書の採択に反対しての連盟の脱退と重要な出来事が続き、その後、孤立を深めた日本はドイツに接近し、日米衝突のコースに入ったというのは多くの歴史家の認めるところであろう。

## 日英同盟が存続していたら

中谷氏はアメリカの更新反対がなければ、日英同盟がさらに一〇年、問題なく存続したであろうと述べ、三〇年のロンドン海軍軍縮会議や満洲事変によりワシントン体制（ワシントン会議の結果による東アジア・太平洋の国際秩序）が解体し始めたことを考えると、この一〇年は「決して短い期間ではない」と注意を促した。ハッとするような指摘である。

一九二〇年二月にイギリスのカーゾン外相は、同盟を継続することにより、中国における日本の動きを監視し、自らの要求もでき、影響を与えて日本の政策を穏健なものとすることが容易になると主張していた。日英同盟は確かにこの頃、同盟の基礎となる共通の脅威（かつてのロシアやドイツ）を失ってはいたが、「勝利した同盟」としての威信は重かったろう。その後の中国の混乱を見ると、同盟が存続していれば日英の協力は維持（あるいは強化）され、幣原が共同出兵を断ることもなければ、後の山東出兵などもより穏健な形となったかもしれない。何よりも関東軍は、日英同盟下でも謀略を重ねただろうか。それに同盟の重しを利用して、政党政治家は軍部を抑える力をある程度持つことができたのではなかろうか。さらに言えば、カーゾンが恐れていた日本のドイツとの同盟もなかったのではなかろうか。

### 起点としての対独参戦

もちろんその後のことは時々の判断と状況に左右されるものだが、一連の出来事の起点は日本の対独参戦にあったといえよう。加藤がリーダーシップを発揮して対独参戦と青島《チンタオ》攻略を推し進めなければ、その後の対華二十一ヵ条要求もなかったか、あったとしても違う形となっていたろうし、日中関係や日英米関係も異なるものになっていただろう。さらに参戦過程での日英間の辛辣なやり取りを思い起こすと、外交的には日英同盟の弱体化を促した参戦であったとも言えそうである。

イギリスの歴史家A・J・P・テイラーは日本参戦について、「はるか遠くの極東では、日本がイギリスの同盟国として、忠実にも参戦した。また、それは日本自身にとっても大きな利益であった」と書いた。「忠実にも」と言うのは皮肉であろう。

ただ、「大きな利益」には、満蒙《まんもう》利権の保持、南洋群島の委任統治とともに、戦後の五大国としての認知や、国際連盟の常任理事国の地位も含まれる。参戦は大きな利益をもたらしていた。ただ、それらはすべて第二次世界大戦後には失われていた。

# あとがき

早くから戦いに加わったにもかかわらず、日本において第一次世界大戦は参戦したことですら半ば忘れられたような戦争となってしまった。それはなぜだろうか。

日本の軍事的な関与が限定的で、大々的な勝利がなかったことも大きいだろうが、そればかりではなく、悲惨な戦い（たとえば日露戦争での旅順攻囲戦）や屈辱的な外交体験（三国干渉や不満の残ったポーツマス講和）がなかったためではなかろうか。皮肉なことではあるが、トラウマとなるような出来事の方が国民的な記憶には定着しやすいのだろう。戦後は、さらに悲惨で圧倒的な太平洋戦争の記憶が、第一次世界大戦の記憶を片隅に追いやってしまった。

一般読者向けの歴史書においても、第一次世界大戦への日本の参戦過程は、あまり深く追究されずにサラッと流されることが多く、青島陥落の二ヵ月後の対華二十一ヵ条要求の方が注目されている感がある。ただ二十一ヵ条要求を始めとして、その後の日本外交の起点は第一次世界大戦への参戦にあったのであるから、その意味では忘れられてはならない戦争であると思う。そこで筆者は、この対独参戦とその後の戦いを近年の研究を踏まえて見直して、一般の読者の方々にもわかりやすく提示してみたいと思ったのである。

わかっていたことであったが、このテーマに関しても専門家による膨大かつ優れた研究の蓄積が内外にあった。執筆に当たっては、一次史料に目を通してオリジナルな発見を試みたが、大半は先行研究で考察・言及されており、釈迦の掌から逃れられない孫悟空のような思いであった。本書に特徴があるとすれば、可能な限り幅広く内外の文献・史料に目を通し、近年の新たな第一次世界大戦研究を参照して考察を試みたことや、一次史料や専門家の研究を俯瞰する位置から眺めて、その後の外交・軍事の動きの問題点も含めて筆者なりの歴史像を提供しようとした点にあろうか。

歴史の啓蒙書であるため注は付さず、先行研究も本文中で先生方のお名前を示す形で一部紹介させていただくに留め、併せて末尾に参考文献を記した。個々の出典については、お問い合わせをいただければ、お答えしたいと思っている。

私事で恐縮であるが、筆者の父の父母と姉妹は日中戦争の末期に、青島で暮らしていた。裸一貫で「馬賊になる」と言って満洲に渡った筆者の祖父は、まさに日独が開戦した一九一四年八月に満鉄に入社し、叩き上げの鉄道員として助役・駅長などを務めて華北交通に転じた。その際に、旧総督府向かいのドイツ人が建てたという屋敷に居を構えたのである。父の姉や妹たちは美しい青島の町で、お姫さまのような暮らしをしていたそうだが、それも長くは続かず、終戦の翌年に何とか帰国した。蓄財の多くを占めた満鉄の社債は紙クズ同然となり、長持《ながもち》にいっぱいあったという「財宝」の類（本当だろうか）は持ち出せず、持ち帰れたのは罅《ひび》の入った湯呑二個だけだったと祖父は自嘲気味に語っていたという。祖父の人生の軌跡は、そのまま大日本帝国の発展と没落に重なっていたようにも思う。いつか青島の戦いについて書いてみたいと思っていたのには、このようなファミリーストーリーも関係している。

本書を執筆するきっかけは、内外で意欲的に研究に取り組まれている小菅信子さんに吉川弘文館をご紹介いただいたことに始まる。この場を借りて感謝したい。編集に当たられた岡庭由佳さんと大熊啓太氏からは、有益なご助言と的確なご指摘をいただいた。末筆となったが、心より御礼を申し上げたい。

二〇二三年三月

飯　倉　章

# 主要参考文献（本文中で紹介した外国人については必要に応じ、姓のみ［　］にカタカナで示した）

## 文献・論文

浅田進史「膠州湾租借条約の成立」工藤章・田嶋信雄編『日独関係史　一八九〇―一九四五　Ⅰ総説／東アジアにおける邂逅』（東京大学出版会、二〇〇八年）
浅田進史『ドイツ統治下の青島―経済的自由主義と植民地社会秩序―』（東京大学出版会、二〇一一年）
有賀　貞『国際関係史　一六世紀から一九四五年まで』（東京大学出版会、二〇一〇年）
伊藤之雄『立憲国家と日露戦争　外交と内政　一八九八～一九〇五』（木鐸社、二〇〇〇年）
伊藤之雄『元老―近代日本の真の指導者たち―』（中央公論新社、二〇一六年）
伊藤之雄『大隈重信』上・下（中央公論新社、二〇一九年）
井上寿一『第一次世界大戦と日本』（講談社、二〇一四年）
ロルフ＝ハラルド・ヴィッピヒ「日清・日露戦争とドイツ」浅田進史訳、工藤章・田嶋信雄編『日独関係史　一八九〇―一九四五　Ⅰ総説／東アジアにおける邂逅』（東京大学出版会、二〇〇八年）
岡本隆司『世界のなかの日清韓関係史―交隣と属国、自主と独立―』（講談社、二〇〇八年）
小野塚知二編『第一次世界大戦開戦原因の再検討―国際分業と民衆心理―』（岩波書店、二〇一四年）
イアン・ガウ「英国海軍と日本―一九〇〇―一九二〇―」相澤淳訳、細谷千博、イアン・ニッシュ監修、平間洋一、イアン・ガウ、波多野澄雄編『日英交流史一六〇〇―二〇〇〇　3軍事』（東京大学出版

会、二〇〇一年）
片山杜秀『未完のファシズム―「持たざる国」日本の運命―』（新潮社、二〇一二年）
川島　真「対華二十一ヵ条要求と北京政府の対応―交渉開始前の動向―」（『東アジア近代史』一八、二〇一五年）
木村靖二『第一次世界大戦』（筑摩書房、二〇一四年）
黒沢文貴「第一次世界大戦の衝撃と日本陸軍―軍近代化論覚書―」滝田毅編『転換期のヨーロッパと日本』（南窓社、一九九七年）
黒沢文貴『大戦間期の日本陸軍』（みすず書房、二〇〇〇年）
黒沢文貴「大正・昭和期における陸軍官僚の「革新」化」小林道彦・黒沢文貴編著『日本政治史のなかの陸海軍―軍政優位体制の形成と崩壊　一八六八〜一九四五―』（ミネルヴァ書房、二〇一三年）
小池　求「対中依存を深めるドイツの東アジア政策―第一次世界大戦初期の「青島」をめぐる折衝―」（『東アジア近代史』一八、二〇一五年）
小数賀良二『砲・工兵の日露戦争　戦訓と制度改革にみる白兵主義と火力主義の相克』（錦正社、二〇一六年）
小菅信子『日本赤十字社と皇室―博愛か報国か―』（吉川弘文館、二〇二一年）
小林啓治『総力戦とデモクラシー―第一次世界大戦・シベリア干渉戦争―』（吉川弘文館、二〇〇八年）
小林道彦『日本の大陸政策一八九五―一九一四　桂太郎と後藤新平』（南窓社、一九九六年）
斎藤聖二『日独青島戦争』（『秘大正三年日独戦史』別巻2、ゆまに書房、二〇〇一年）

酒井一臣「「文明の使命」としての日本の南洋群島委任統治―過剰統治の背景―」浅野豊美編集『南洋群島と帝国・国際秩序』(慈学社出版、二〇〇七年)
櫻井良樹『加藤高明　主義主張を枉ぐるな』(ミネルヴァ書房、二〇一三年)
櫻井良樹『華北駐屯日本軍―義和団から盧溝橋への道―』(岩波書店、二〇一五年)
櫻井良樹『国際化時代「大正日本」』(吉川弘文館、二〇一七年)
佐々木雄一『帝国日本の外交一八九四―一九二二　なぜ版図は拡大したのか』(東京大学出版会、二〇一七年)
佐藤公彦『義和団の起源とその運動―中国民衆ナショナリズムの誕生―』(研文出版、一九九九年)
佐山二郎『第一次大戦　日独兵器の研究』(潮書房光人新社、二〇二二年)
J・ジョル『ヨーロッパ一〇〇年史1』池田清訳(みすず書房、一九七五年)
James Joll, *The origins of the First World War* (Longman, 1984). ジェームズ・ジョル『第一次大戦の起原』改訂新版、池田清訳(みすず書房、一九九七年)
デイヴィッド・スティーズ「相互の便宜による帝国主義国の結婚　一九〇二―一九二二年の日英関係」村島滋訳、細谷千博、イアン・ニッシュ監修、木畑洋一[ほか]編『日英交流史一六〇〇―二〇〇〇　1政治・外交1』(東京大学出版会、二〇〇〇年)
瀬戸武彦「青島(チンタオ)をめぐるドイツと日本(4)独軍俘虜概要」(『高知大学学術研究報告　人文科学編』五〇、二〇〇一年)
瀬戸武彦「青島(チンタオ)をめぐるドイツと日本(5)独軍俘虜概要(2)」(『高知大学学術研究報告　人

文科学編』五二、二〇〇三年）
髙杉洋平「「軍縮期」の社会と軍隊」筒井清忠編『大正史講義』（筑摩書房、二〇二一年）
高原秀介『ウィルソン外交と日本　理想と現実の間一九一三―一九二一』（創文社、二〇〇六年）
田嶋信雄「ドイツの外交政策と東アジア　一八九〇―一九四五―重畳する二国間関係―」「第一次世界大戦と「独探馬賊」―ドイツのユーラシア「革命促進」戦略と満洲―」田嶋信雄・工藤章編『ドイツと東アジア　一八九〇―一九四五』（東京大学出版会、二〇一七年）
千葉　功『旧外交の形成　日本外交一九〇〇～一九一九』（勁草書房、二〇〇八年）
千葉　功「日英同盟と日露戦争―最初の帝国主義戦争―」小林和幸編『明治史講義【テーマ篇】』（筑摩書房、二〇一八年）
F・ディキンソン「第一次世界大戦期の加藤外交と日米関係」奈良岡聰智訳、川田稔・伊藤之雄編『二〇世紀日米関係と東アジア』（風媒社、二〇〇二年）
Frederick R. Dickinson［ディキンソン］, *War and national reinvention: Japan in the Great War, 1914-1919* (Harvard University Asia Center, 1999).
等松春夫「南洋群島の主権と国際的管理の変遷―ドイツ・日本・そしてアメリカ―」浅野豊美編集『南洋群島と帝国・国際秩序』（慈学社出版、二〇〇七年）
冨田　弘『板東俘虜収容所―日独戦争と在日ドイツ俘虜―』冨田弘先生遺著刊行会編（法政大学出版局、二〇〇六年）
中谷直司『強いアメリカと弱いアメリカの狭間で―第一次世界大戦後の東アジア秩序をめぐる日米英関

係―』（千倉書房、二〇一六年）
中谷直司「ワシントン会議―海軍軍縮条約と日英同盟廃棄―」筒井清忠編『大正史講義』（筑摩書房、二〇二一年）
奈良岡聰智『加藤高明と政党政治―二大政党制への道―』（山川出版社、二〇〇六年）
奈良岡聰智『「八月の砲声」を聞いた日本人―第一次世界大戦と植村尚清「ドイツ幽閉記」―』（千倉書房、二〇一三年）
奈良岡聰智『対華二十一ヵ条要求とは何だったのか』（名古屋大学出版会、二〇一五年）
奈良岡聰智「第一次世界大戦と対華二十一カ条要求」筒井清忠編『大正史講義』（筑摩書房、二〇二一年）
I・ニッシュ『日本の外交政策一八六九―一九四二 霞が関から三宅坂へ』宮本盛太郎監訳（ミネルヴァ書房、一九九四年）
Ian H. Nish［ニッシュ］, *The Anglo-Japanese alliance: the diplomacy of two island empires, 1894-1907*, 2nd ed.（Athlone Press, 1985）.
Ian H. Nish, *Alliance in decline: a study in Anglo-Japanese relations 1908-23*（Athlone Press, 1972）.
Ian Nish, *Collected writings of Ian Nish*［Part 1］（Edition Synapse, Japan Library, 2001）.
波多野澄雄編著『日本外交の一五〇年―幕末・維新から平成まで―』（日本外交協会、二〇一九年）
波多野勝『近代東アジアの政治変動と日本の外交』（慶應通信、一九九五年）
平間洋一『第一次世界大戦と日本海軍―外交と軍事との連接―』（慶應義塾大学出版会、一九九八年）

平間洋一「日英同盟と第一次世界大戦」細谷千博、イアン・ニッシュ監修、平間洋一、イアン・ガウ、波多野澄雄編『日英交流史一六〇〇—二〇〇〇　３軍事』（東京大学出版会、二〇〇一年）
Yoichi Hirama, 'The Japanese naval assistance and its effect on the Australia-Japanese relations', Phillips Payson O'Brien, ed., *The Anglo-Japanese alliance, 1902-1922* (RoutledgeCurzon, 2004).
藤原正彦『日本人の真価』（文藝春秋、二〇二一年）
細谷千博『両大戦間の日本外交—一九一四〜一九四五—』（岩波書店、一九八八年）
細谷千博『日本外交の軌跡』（日本放送出版協会、一九九三年）
真辺将之「大隈内閣成立と大隈ブーム」筒井清忠編『大正史講義』（筑摩書房、二〇二一年）
宮野　澄「加藤高明—「日英中心」正統外交の創設者—」『日本外交の旗手』（ティビーエス・ブリタニカ、一九八三年）
諸橋英一『第一次世界大戦と日本の総力戦政策』（慶應義塾大学出版会、二〇二一年）
山上正太郎『第一次世界大戦　忘れられた戦争』（社会思想社、一九八五年、後に講談社、二〇一〇年）
山室信一・岡田暁生・小関隆・藤原辰史編『現代の起点第一次世界大戦』全四巻（岩波書店、二〇一四年）
吉田　裕「戦陣訓」『日本大百科全書（ニッポニカ）』
欒玉璽『青島の都市形成史　一八九七—一九四五—市場経済の形成と展開—』（思文閣出版、二〇〇九年）
和田春樹『日露戦争　起源と開戦』上・下（岩波書店、二〇〇九・一〇年）

渡邊公太『第一次世界大戦期日本の戦時外交—石井菊次郎とその周辺—』(現代図書、二〇一八年)

渡邊公太『石井菊次郎　戦争の時代を駆け抜けた外交官の生涯』(吉田書店、二〇二三年)

Jean-Jacques Becker and Gerd Krumeich, '1914: Outbreak', *The Cambridge history of the First World War, v. 1 Global war*, edited by Jay Winter and the Editorial Committee of the International Research Centre of the Historial de la Grande Guerre (Cambridge University Press, 2014).

Charles B. Burdick［バーディック］, *The Japanese siege of Tsingtau: World War I in Asia* (Archon Books, 1976).

Lamar Cecil, *Wilhelm II: Prince and emperor, 1859-1900* (University of North Carolina Press, 1989).

Lamar Cecil, *Wilhelm II: Emperor and exile, 1900-1941*, v. 2 (University of North Carolina Press, 1996).

Christopher M. Clark［クラーク］, *Kaiser Wilhelm II* (Pearson Education, Longman, 2000).

Christopher Clark, *The sleepwalkers: how Europe went to war in 1914* (2012; Penguin Books, 2013). クリストファー・クラーク『夢遊病者たち　第一次世界大戦はいかにして始まったか』1・2、小原淳訳(みすず書房、二〇一七年)

John Dixon［ディクソン］, *A clash of empires: The South Wales Borderers at Tsingtao, 1914* (Bridge Books, 2008).

Trevor Nevitt Dupuy［デュプイ］, *A Genius for War: The German army and general staff, 1807-1945* (Prentice-Hall, 1977).

Peter Duus, Ramon H. Myers, and Mark R. Peattie, eds., *The Japanese informal empire in China, 1895-*

*1937* (Princeton University Press, c1989).

Brian K. Feltman［フェルトマン］, *The stigma of surrender: German prisoners, British captors, and manhood in the Great War and beyond* (University of North Carolina Press, 2015).

Jonathan Fenby, *The siege of Tsingtao: The only battle of the First World War to be fought in East Asia* (Penguin Books China, 2015).

Niall Ferguson［ファーガソン］, *The pity of war* (1998; Penguin Books, 1999).

Martin Gilbert［ギルバート］, *The First World War: a complete history* (Henry Holt, c1994).

Edwin P. Hoyt, *The fall of Tsingtao* (A. Barker, 1975).

Peter Lowe［ロウ］, *Great Britain and Japan 1911-15: a study of British Far Eastern policy* (Macmillan, St Matin's Press, 1969).

Peter Lowe, 'Great Britain and Japan's entrance into the Great War, 1914-1915', Phillips Payson O'Brien, ed., *The Anglo-Japanese alliance, 1902-1922* (RoutledgeCurzon, 2004).

Margaret MacMillan, *The war that ended peace: how Europe abandoned peace for the First World War* (Profile Books, 2014). マーガレット・マクミラン『第一次世界大戦—平和に終止符を打った戦争—』真壁広道訳、滝田賢治監修（えにし書房、二〇一六年）

Ernest R. May, *American imperialism: a speculative essay* (Atheneum, 1968).

Annika Mombauer［モムバウア］, 'The debate on the origins of World War One', The British Library (bl.uk) 29 Jan 2014, <https://www.bl.uk/world-war-one/articles/the-debate-on-the-origins-of-world-war-

one>.

T. G. Otte, *Statesman of Europe: a life of Sir Edward Grey* (Allen Lane, 2020).

Charles Stephenson［スティーヴンソン］, *The siege of Tsingtau: The German-Japanese War 1914* (Pen & Sword Military, 2017).

David Stevenson, *1914-1918: the history of the First World War* (Penguin Books, 2005).

Hew Strachan［ストローン］, *The First World War, v. 1, To arms* (Oxford University Press, 2001).

Hew Strachan, *The First World War* (2003, 2006; Simon & Schuster, 2014).

A. J. P. Taylor［テイラー］, *The First World War : an illustrated history* (1963; Penguin, 1966). Ａ・Ｊ・Ｐ・テイラー『第一次世界大戦　目で見る戦史』倉田稔訳（新評論、一九九二年）

Alexander Watson［ワトソン］, *Ring of steel: Germany and Austria-Hungary at war, 1914-1918* (2014; Penguin, 2015).

飯倉　章『第一次世界大戦史』（中央公論新社、二〇一六年）

飯倉　章『一九一八年最強ドイツ軍はなぜ敗れたのか　ドイツ・システムの強さと脆さ』（文藝春秋、二〇一七年）

飯倉　章『黄禍論と日本人』（中央公論新社、二〇一三年）

飯倉　章『イエロー・ペリルの神話―帝国日本と「黄禍」の逆説―』（彩流社、二〇〇四年）

Akira Iikura, 'The Anglo-Japanese alliance and the question of race', Phillips Payson O'Brien, ed., *The Anglo-Japanese alliance, 1902-1922* (RoutledgeCurzon, 2004).

Iikura Akira, 'The 'yellow peril' and its influence on Japanese-German relations', *Japanese-German relations, 1895-1945: war, diplomacy and public opinion*, edited by Christian W. Spang and Rolf-Harald Wippich (Routledge, 2006).

## 同時代の文献・史料

［日　本］

外務省『日本外交文書』大正三年第三冊、大正四年第三冊上巻・下巻など

斎藤聖二監修・解説『秘　大正三年日独戦史』上巻・下巻・別巻（ゆまに書房、二〇〇一年）

参謀本部編『大正三年日独戦史』上・下・附図・写真帖（東京偕行社、一九一六年）

参謀本部編『大正三年日独戦史写真帖』（東京偕行社、一九一六年）

石井良次郎編『大正三年日独戦役写真帖』（東京偕行社、一九一五年）

「第３号　青島守備軍」JACAR Ref.C08040196300、［臨時鉄道連隊長山田陸槌］「大正３年戦役意見書　秘」（防衛省防衛研究所）

「第４号　独立第18師団（１）」JACAR Ref.C08040196400、［航空隊］「大正３年戦役意見書　秘」（防衛省防衛研究所）

「大正３年戦役意見提出の件」JACAR Ref.C03025262900、欧受大日記　其３（共３）大正10年11月26日〜30日［独立第十八師団司令部「大正３年戦役に関する意見」］（防衛省防衛研究所）

三木都山『鬼佐久間　青島肉弾戦』（岡本増進堂、一九一四年）

朝日新聞合資会社編『青島戦記』（朝日新聞合資会社、一九一五年）
夏目金之助『定本　漱石全集』第二〇巻（岩波書店、二〇一八年）
中村赳訳註『青島籠城秘話』［原著：オットウ・ウイジンケル著『青島の義勇兵』］（織田書店、一九二九年）
菅原佐賀衛『青島攻略小史』（偕行社、一九二五年）
伊藤正徳編『加藤高明』上・下巻（加藤伯伝記編纂委員会、一九二九年）

［イギリス］

G. P. Gooch and Harold Temperley, eds., *British documents on the origins of the war, 1898-1914*, v. 10. Part II, the last years of peace（1938）.
G. P. Gooch and Harold Temperley, eds., *British documents on the origins of the war, 1898-1914*, v. 11, the outbreak of war, Foreign Office documents, June 28th-August 4th 1914（1926）.
Ann Trotter, ed., *British documents on foreign affairs: reports and papers from the Foreign Office confidential print. Part II, From the First to the Second World War. Series E, Asia, 1914-1939*, v. 1.
Winston S. Churchill［チャーチル］, *The world crisis, 1911-1918*, v. 1（Charles Scribner's Sons, 1923）. ウィンストン・チャーチル『世界大戦』第一巻、廣瀬将・村上啓夫・内山賢次訳（非凡閣、一九三七年）
Robert Graves, *Good-bye to all that: an autobiography*（1929; Penguin Classics, 2014）. ロバート・グレーヴズ『さらば古きものよ』上・下、工藤政司訳（岩波書店、一九九九年）

［アメリカ／オーストラリア］

United States, *Papers relating to the foreign relations of the United States, 1914 Supplement, The World War* (US. GPO, 1928).

United States, *Papers relating to the foreign relations of the United States, The Lansing papers 1914-1920*, v. 2 (US. GPO, 1940).

Herman Bernstein (comp.), *The Willy-Nicky correspondence: being the secret and intimate telegrams exchanged between the Kaiser and the Tsar* (Alfred A. Knopf, 1918).

Jefferson Jones［ジョーンズ］, *The fall of Tsingtau: with a study of Japan's ambitions in China* (Houghton Mifflin, 1915).

C. H. Kirmess, *The Australian crisis* (Thomas C. Lothian, 1909).

［ドイツ］

Kurt Aßmann (Leiter der Bearbeitung), *Die Kämpfe der kaiserlichen Marine in den Deutschen Kolonien.* Marine-Archiv (Hrsg.), *Der Krieg zur See 1914-1918*, [Reihe 7] (1920; E. S. Mittler & Sohn, 1935). 獨逸海軍本部編『青島戦史—獨逸海軍本部編纂一九一四年乃至一九一八年海戦史—』高瀬五郎訳（海軍省教育局、一九三五年）

*Große Politik der europäischen Kabinette 1871-1914.*

Karl Kautsky, collected, Max Montgelas and Walther Schücking, eds., the Carnegie Endowment for International Peace, Division of International Law, trans., *Outbreak of the World War German documents* (Oxford University Press, 1924).

Eberhard Buchner (Hrsg.), *Kriegsdokumente. Der Weltkrieg 1914/15 in der Darstellung der zeitgenössischen Presse. Vierter Band. Von der Eroberung Antwerpens bis zum Fall Tsingtaus* (Albert Langen Verlag, 1915).

Otto von Gottberg, *Die Helden von Tsingtau* (Ullstein, 1915).

Gunther Plüschow［プリューショウ］, *Die Abenteuer des Fliegers von Tsingtau* (Ullstein, 1916). グンテル・プリッシヨー『青島から飛び出して』若林欽・廣政幸助訳（洛陽堂、一九一八年）

Hellmuth von. Mücke, *Emden* (Ritter & company, c1917).

Richard Wilhelm［ヴィルヘルム］, *Aus Tsingtaus schweren Tagen im Weltkrieg 1914: Tagebuch von Dr. Richard Wilhelm während der Belagerung von Tsingtau* (Hutten-Verlag, 1915).

Waldemar Vollerthun［フォラートゥン］, *Der Kampf um Tsingtau: eine Episode aus dem Weltkrieg 1914-1918 nach Tagebuchblättern* (Hirzel, 1920).

## 著者紹介

一九五六年、茨城県に生まれる
一九七九年、慶應義塾大学経済学部卒業
一九九二年、国際大学大学院国際関係学研究科修士課程修了
現在、城西国際大学国際人文学部教授、博士（学術、聖学院大学）

〔主要著書〕
『イエロー・ペリルの神話』（彩流社、二〇〇四年）
『日露戦争諷刺画大全』上・下巻（芙蓉書房出版、二〇一〇年）
『黄禍論と日本人』（中央公論新社、二〇一三年）
『第一次世界大戦史』（中央公論新社、二〇一六年）
『一九一八年最強ドイツ軍はなぜ敗れたのか』（文藝春秋、二〇一七年）

歴史文化ライブラリー
572

# 第一次世界大戦と日本参戦
## 揺らぐ日英同盟と日独の攻防

二〇二三年（令和五）六月一日 第一刷発行

著 者 飯倉章《いいくらあきら》
発行者 吉川道郎
発行所 株式会社 吉川弘文館
東京都文京区本郷七丁目二番八号
郵便番号一一三―〇〇三三
電話〇三―三八一三―九一五一〈代表〉
振替口座〇〇一〇〇―五―二四四
http://www.yoshikawa-k.co.jp/
印刷＝株式会社 平文社
製本＝ナショナル製本協同組合
装幀＝清水良洋・宮崎萌美


ISBN978-4-642-05972-5

歴史文化ライブラリー

1996. 10

## 刊行のことば

現今の日本および国際社会は、さまざまな面で大変動の時代を迎えておりますが、近づきつつある二十一世紀は人類史の到達点として、物質的な繁栄のみならず文化や自然・社会環境を謳歌できる平和な社会でなければなりません。しかしながら高度成長・技術革新にともなう急激な変貌は「自己本位な刹那主義」の風潮を生みだし、先人が築いてきた歴史や文化に学ぶ余裕もなく、いまだ明るい人類の将来が展望できていないようにも見えます。

このような状況を踏まえ、よりよい二十一世紀社会を築くために、人類誕生から現在に至る「人類の遺産・教訓」としてのあらゆる分野の歴史と文化を「歴史文化ライブラリー」として刊行することといたしました。

小社は、安政四年(一八五七)の創業以来、一貫して歴史学を中心とした専門出版社として書籍を刊行しつづけてまいりました。その経験を生かし、学問成果にもとづいた本叢書を刊行し社会的要請に応えて行きたいと考えております。

現代は、マスメディアが発達した高度情報化社会といわれますが、私どもはあくまでも活字を主体とした出版こそ、ものの本質を考える基礎と信じ、本叢書をとおして社会に訴えてまいりたいと思います。これから生まれでる一冊一冊が、それぞれの読者を知的冒険の旅へと誘い、希望に満ちた人類の未来を構築する糧となれば幸いです。

吉川弘文館

# 歴史文化ライブラリー

## 近・現代史

江戸無血開城 本当の功労者は誰か？——岩下哲典
五稜郭の戦い 蝦夷地の終焉——菊池勇夫
水戸学と明治維新——吉田俊純
大久保利通と明治維新——佐々木 克
刀の明治維新 「帯刀」は武士の特権か？——尾脇秀和
維新政府の密偵たち 御庭番と警察のあいだ——大日方純夫
京都に残った公家たち 華族の近代——刑部芳則
文明開化 失われた風俗——百瀬 響
西南戦争 戦争の大義と動員される民衆——猪飼隆明
大久保利通と東アジア 国家構想と外交戦略——勝田政治
明治の政治家と信仰 クリスチャン民権家の肖像——小川原正道
大元帥と皇族軍人 明治編——小田部雄次
皇居の近現代史 開かれた皇室像の誕生——河西秀哉
日本赤十字社と皇室 博愛か報国か——小菅信子
リーダーたちの日清戦争——佐々木雄一
陸軍参謀 川上操六 日清戦争の作戦指導者——大澤博明
軍隊を誘致せよ 陸海軍と都市形成——松下孝昭
軍港都市の一五〇年 横須賀・呉・佐世保・舞鶴——上杉和央
〈軍港都市〉横須賀 軍隊と共生する街——高村聰史
第一次世界大戦と日本参戦 揺らぐ日英同盟と日独の攻防——飯倉 章
お米と食の近代史——大豆生田 稔
日本酒の近現代史 酒造地の誕生——鈴木芳行
失業と救済の近代史——加瀬和俊
近代日本の就職難物語 「高等遊民」になるけれど——町田祐一
難民たちの日中戦争 戦火に奪われた日常——芳井研一
昭和天皇とスポーツ 〈玉体〉の近代史——坂上康博
大元帥と皇族軍人 大正・昭和編——小田部雄次
昭和陸軍と政治 「統帥権」というジレンマ——高杉洋平
松岡洋右と日米開戦 大衆政治家の功と罪——服部 聡
唱歌「蛍の光」と帝国日本——大日方純夫
稲の大東亜共栄圏 帝国日本の〈緑の革命〉——藤原辰史
地図から消えた島々 幻の日本領と南洋探検家たち——長谷川亮一
自由主義は戦争を止められるのか 芦田均・清沢洌・石橋湛山——上田美和
軍用機の誕生 日本軍の航空戦略と技術開発——水沢 光
国産航空機の歴史 零戦・隼からYS-一一まで——笠井雅直
首都防空網と〈空都〉多摩——鈴木芳行
帝都防衛 戦争・災害・テロ——土田宏成

## 歴史文化ライブラリー

帝国日本の技術者たち――沢井 実
強制された健康 日本ファシズム下の生命と身体――藤野 豊
「自由の国」の報道統制 大戦下の日系ジャーナリズム――水野剛也
学徒出陣 戦争と青春――蜷川壽惠
特攻隊の〈故郷〉 霞ヶ浦・筑波山・北浦・鹿島灘――伊藤純郎
陸軍中野学校と沖縄戦 知られざる少年兵「護郷隊」――川満 彰
沖縄戦の子どもたち――川満 彰
沖縄からの本土爆撃 米軍出撃基地の誕生――林 博史
原爆ドーム 物産陳列館から広島平和記念碑へ――頴原澄子
米軍基地の歴史 世界ネットワークの形成と展開――林 博史
沖縄米軍基地全史――野添文彬
考証 東京裁判 戦争と戦後を読み解く――宇田川幸大
ふたつの憲法と日本人 戦前・戦後の憲法観――川口暁弘
戦後文学のみた〈高度成長〉――伊藤正直
首都改造 東京の再開発と都市政治――源川真希
鯨を生きる 鯨人の個人史・鯨食の同時代史――赤嶺 淳

### 文化史・誌

山寺立石寺 霊場の歴史と信仰――山口博之
神になった武士 平将門から西郷隆盛まで――高野信治
跋扈する怨霊 祟りと鎮魂の日本史――山田雄司
将門伝説の歴史――樋口州男
殺生と往生のあいだ 中世仏教と民衆生活――苅米一志
浦島太郎の日本史――三舟隆之
〈ものまね〉の歴史 仏教・笑い・芸能――石井公成
戒名のはなし――藤井正雄
墓と葬送のゆくえ――森 謙二
運 慶 その人と芸術――副島弘道
ほとけを造った人びと 止利仏師から運慶・快慶まで――根立研介
祇園祭 祝祭の京都――川嶋將生
洛中洛外図屛風 つくられた〈京都〉を読み解く――小島道裕
化粧の日本史 美意識の移りかわり――山村博美
乱舞の中世 白拍子・乱拍子・猿楽――沖本幸子
神社の本殿 建築にみる神の空間――三浦正幸
古建築を復元する 過去と現在の架け橋――海野 聡
生きつづける民家 保存と再生の建築史――中村琢巳
大工道具の文明史 日本・中国・ヨーロッパの建築技術――渡邉 晶
苗字と名前の歴史――坂田 聡
日本人の姓・苗字・名前 人名に刻まれた歴史――大藤 修

## 歴史文化ライブラリー



### 古代史

## 歴史文化ライブラリー



### 中世史

## 歴史文化ライブラリー

もう一つの平泉 奥州藤原氏第二の都市・比爪——羽柴直人
源頼家とその時代 二代目鎌倉殿と宿老たち——藤本頼人
六波羅探題 京を治めた北条一門——森 幸夫
大道 鎌倉時代の幹線道路——岡 陽一郎
仏都鎌倉の一五〇年——今井雅晴
鎌倉北条氏の興亡——奥富敬之
鎌倉幕府はなぜ滅びたのか——永井 晋
三浦一族の中世——高橋秀樹
伊達一族の中世「独眼龍」以前——伊藤喜良
弓矢と刀剣 中世合戦の実像——近藤好和
その後の東国武士団 源平合戦以後——関 幸彦
荒ぶるスサノヲ、七変化〈中世神話〉の世界——斎藤英喜
曽我物語の史実と虚構——坂井孝一
鎌倉浄土教の先駆者 法然——中井真孝
親 鸞——平松令三
親鸞と歎異抄——今井雅晴
畜生・餓鬼・地獄の中世仏教史 因果応報と悪道——生駒哲郎
神や仏に出会う時 中世びとの信仰と絆——大喜直彦
神仏と中世人 宗教をめぐるホンネとタテマエ——衣川 仁
神風の武士像 蒙古合戦の真実——関 幸彦
鎌倉幕府の滅亡——細川重男
足利尊氏と直義 京の夢、鎌倉の夢——峰岸純夫
高 師直 室町新秩序の創造者——亀田俊和
新田一族の中世「武家の棟梁」への道——田中大喜
皇位継承の中世史 血統をめぐる政治と内乱——佐伯智広
地獄を二度も見た天皇 光厳院——飯倉晴武
南朝の真実 忠臣という幻想——亀田俊和
信濃国の南北朝内乱 悪党と八〇年のカオス——櫻井 彦
中世の巨大地震——矢田俊文
大飢饉、室町社会を襲う!——清水克行
中世の富と権力 寄進する人びと——湯浅治久
中世は核家族だったのか 民衆の暮らしと生き方——西谷正浩
出雲の中世 地域と国家のはざま——佐伯徳哉
中世武士の城——齋藤慎一
戦国の城の一生 つくる・壊す・蘇る——竹井英文
九州戦国城郭史 大名・国衆たちの築城記——岡寺 良
徳川家康と武田氏 信玄・勝頼との十四年戦争——本多隆成
戦国大名毛利家の英才教育 元就・隆元・輝元と妻たち——五條小枝子

## 歴史文化ライブラリー